KB234692

주민의 기억으로 담은 이야기 좌동佐洞

해운대 역사 구술채록 사업

1부.
좌동이 걸어온 길

1. 좌동의 역사
- 좌동의 자연마을 … 8
- 행정구역의 변화 … 17

2. 좌동을 품었던 장산과 대천

　1) 해운대의 진산인 장산
- 장산(萇山)·장산(長山)·상산·봉래산 … 24
- 전설이 깃들어 있는 장산 … 36
- 상산마고당과 천제단 … 40
- 새로운 문화공간으로 자리한 장산 … 47

　2) 춘천에 가려진 대천
- 춘천의 지류인 대천 … 52
- 물고기가 떠난 대천 … 58
- 새롭게 단장한 대천교 … 64

2부.
좌동과 좌동 사람의 삶

1. 갇힌 마을, 군사보호지역으로
- 한국전쟁기 좌동에 들어선 탄약고 … 70
- 좌동 탄약고 폭발 사건, 좌동의 상처로 … 73
- 전쟁이 끝나도 여전히 군사보호구역으로 … 81

2. 한적했던 농촌, 농사도 짓고 돼지도 키우고
- 좌동의 일상적 삶과 생활권역 … 86
- 마을의 안녕과 번영을 기원했던 당산제 … 96
- 틈새를 파고든 외지인과 가구공장들 … 103

3. 좌동의 또 다른 마을, 장산 산기슭에 형성된 장산마을
- 장산개척단과 장산마을 … 105
- 밭농사에서 목축업으로 … 109
- 아랫마을과 윗마을, 장산마을의 공동체문화 … 116
- 장산마을의 돌집, 1985년에야 켜진 전깃불 … 120
- 장산마을이 떠들썩했던 그린파인 … 127

4. 신시가지가 조성된 좌동
· 좌동에 찾아온 변화   133
· 대동에서 분동으로   138
· 난전과 재래시장   155
· 변화의 길목에 선 신시가지   158

5. 따로 또 같이, 좌동 토박이와 신도시 주민의 공동체문화
· 좌동향인회   162
· 안씨위토답보존관리위원회   165
· 좌동향토문화보존사업회   169
· 좌동지역발전협의회   177
· 사)장산마을발전협의회   180

3부.
좌동 사람이 들려주는
좌동 이야기

1.윤내순(여, 1935) 좌동의 산증인   185
2.김재찬(남, 1949) 안씨위토답보존관리위원회 회원   199
3.김주찬(남. 1949) 김해김씨 삼현파 좌동 문중 총무   207
4.송민태(남, 1952) 장산향토문화보존사업회 총무   217
5.강영숙(여, 1954) 장산향토문화보존사업회 회원   225
6.정민조(남, 1954) 좌동재래시장 토박이 상인   239
7.송귀동(남, 1956) 좌동재래시장 대표   247
8.이부돌(남, 1957) 사)장산마을발전협의회 회장   257
9.정병구(남, 1954) 좌동재래시장상인회 회장   269
10.전우양(남, 1935) 장산마을의 산증인   279
11.이복득(여, 1954) 상산바을 통장   291
12.손웅희(남, 1967) 장산마을발전협의회 회장   301
13.예성탁(남, 1963) 해운대라이프 대표   309

참고문헌   317

동
동
우
아
6
해운대역
해운대국민교

1부.
좌동이 걸어온 길

7

1. 좌동의 역사

좌동의 자연마을

좌동은 춘천의 왼쪽에 형성된 마을이라고 하여 붙여진 지명이다. 춘천(春川)은 장산의 구곡봉(434m)에서 발원한 하천으로, 장자벌과 구남벌을 관통하여 해운대 해수욕장 북서부로 내려오다 동백교를 지나 수영만으로 유입된다. 춘천의 지류인 구곡봉에서 물만골[물망골, 물방골]에 이르는 지류와 부흥봉(181m)의 지류는 대천천 좌동교 아래를 지나 춘천으로 합류된다.

춘천을 기준으로 춘천의 왼쪽에 형성된 마을은 좌동(左洞) 또는 좌리(左里), 오른쪽에 형성된 마을은 우동(右洞) 또는 우리(右里)이라 한 것인데, 언제부터인가 지명 유래에 나타나는 좌(左), 우(右)를 각기 도울 좌(佐)와 도울 우(佑)로 바꾸어 좌동(佐洞)과 우동(佑洞)으로 표기했다. 지명 표기가 변화된 시기는 정확히 알 수 없으나, 『동래부동하면고문서』에 좌동을 좌동(左洞)으로 표기한 것을 보면, 광복 후 지명 표기가 지금과 같이 변화되었을 것으로 보인다.

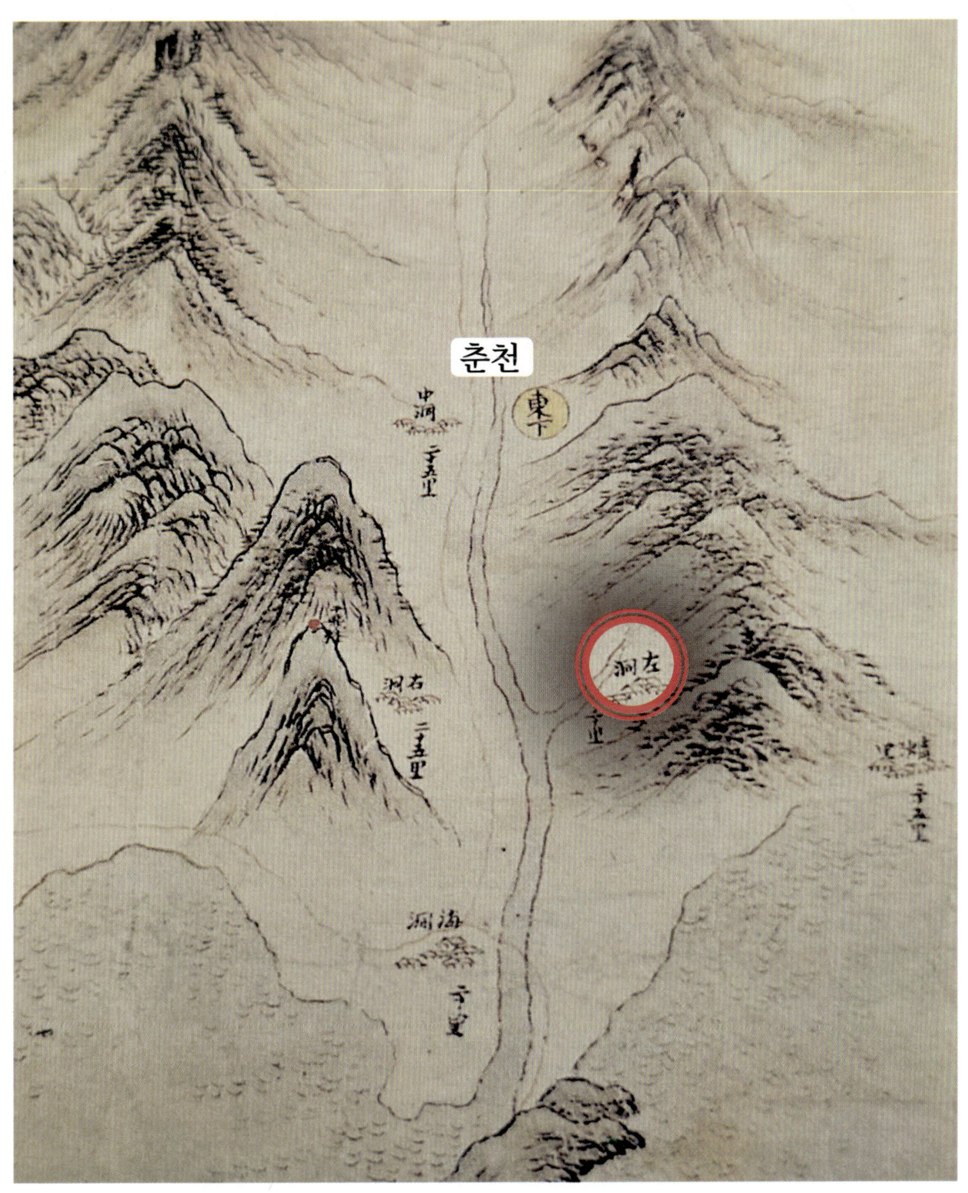

고지도 속 춘천 그리고 좌동과 우동 「동래부산고지도」 19세기 후반, 『부산의 고지도』

『부산지명총람』[1]과 『해운대 자연마을 성씨 이야기』[2]에 좌동은 1960년대 초 장산마을이 형성되기 전까지 좌동과 새실마을 두 개의 자연마을로 이루어져 있었다고 하였으나, 사실 좌동은 윗마실[윗마], 중간마실[중간마], 아랫마실[아랫마], 새실 등 네 개의 자연마을로 이루어져 있었다. 이들 마을 중 새실마을을 제외한 세 개의 마을은 인접해 있는데, 세 마을의 중심에 위치한 중간마을은 좌동 동사무소가 있었던 지금의 좌동경로당 일대로, 이를 중심으로 위에 위치한 마을을 윗마실, 아래에 위치한 마을을 아랫마실이라고 불렀다. 대체로 현 좌동재개시장과 좌동경로당 일대가 중간마실, 좌동경로당 위쪽이 윗마실, 좌동재래시장 아래의 KCC아파트 일대가 아랫마실에 해당된다.

1970년대 좌동 사무소. 지금 이 자리에는 좌동 경로당이 들어섰다 [사진으로 보는 해운대 백년사]

1) 부산광역시사편찬위원회, 『부산지명총람』 제3권-남구·북구·해운대구편-, 1997, 299~300쪽.
2) 김병섭, 『해운대 자연마을 성씨姓氏 이야기』, 부산광역시문화원연합회, 2021, 106쪽.

　　새실은 현 인제대학교 해운대 백병원 일대에 형성되었던 마을로, 좌동의 세 자연마을과 다소 거리가 떨어져 있다. 새실의 지명은 새로 형성된 마실[마을]이란 의미로, 좌동에서 가장 늦게 형성된 마을로 널리 알려져 있다. 한편으로는 쥐가 많은 마을이라고 하여 서실(鼠一)이라 부른 명칭이 새실로 와전된 것으로, 좌동에서 가장 먼저 형성되었던 마을이라는 얘기도 있다.

*　　사람들이 새실로 알고 있는데, 원래는 마을 이름이 서실입니다. 좌동에서 제일 먼저 생긴 데가 서실입니다. 여기는 다 농사를 지으니까 곡식이 많았어요. 그러니까 자연적으로 쥐가 많았을 것 아닙니까. 그래서 쥐가 많은 마을이라 해서 서실이라 했어요. 서실이라 하다가 나중에 새실로 변한 겁니다.*

— 김주찬(남, 1949)

　　좌동은 마을 뒤로 산이 펼쳐져 있고 마을 앞으로 큰 내가 흐르는 전형적인 배산임수(背山臨水)로, 마을입지로서는 최적의 지리적 조건을 갖춘 곳이다. 그뿐 아니라 마을 내 넓은 농토[구남평야]가 형성되어 있고, 멀지 않은 곳에 바다가 있어 거주지로서는 천혜의 자연환경을 갖춘 곳이라 할 수 있다. 이에 이곳은 일찍이 거주지로 자리 잡아 구석기 시대부터 사람들이 살기 시작했고, 삼국시대 이전에는 장산국이 형성되기도 했다.

1970년대 좌동 [사진으로 보는 해운대 백년사]

『신증동국여지승람』권23 경상도 동래현 건치 연혁조에는 "옛날의 장산국인데, 신라가 점유하여 거칠산군을 두었는데 경덕왕이 지금으로 고쳤으며, 고려 현종이 울주에 예속시켰다."라고 하였고, 『삼국사기』권34 잡지 3 지리 1 동래군조에는 "동래군은 본래 거칠산군을 경덕왕이 개명한 것인데 그대로 부른다. 그 영현은 둘로 동평현은 본래 대중현을 경덕왕이 개명한 것인데 그대로 부르고, 기장현은 본래 갑화량곡현을 경덕왕이 개명한 것인데 그대로 부른다."라고 하였다.

즉, 신라 시대에 신라가 장산국을 점유해 장산국을 거칠산군이라고 불렀다가 경덕왕대에 거칠산군을 다시 동래군으로 개명했다고 한다.

좌동의 지리적 입지와 역사적 배경을 보면 일찍이 이곳에 마을이 형성되었을 것으로 짐작되나, 이를 확인할 수 있는 사료는 지극히 제한적이다. 좌동과 관련된 사료나 고지도는 18세기부터 찾아볼 수 있기 때문이다. 그런데 좌동의 세거 문중인 김해김씨 문중에 전해오는 좌동 입향조인 김치봉(金致鳳)에 대한 전언에 따르면, 좌동은 임진왜란 전에 형성되었을 것으로 짐작된다.

이 마을에 지금 16대까지 있어요. 우리 입향조 할아버지께서는 1576년도 생으로 16살 무렵인 임진왜란 때 이 마을로 오셨다고 합니다. 그때 입향조 할아버지께서 형제 세 분이 계셨는데, 형제들과

대천공원 내
부산 해운대 구석기 유적비

— 김주찬(남, 1949)

좌동 입향조인 김치봉은 김해김씨 삼현파(三賢派) 문중원으로 임진왜란 중인 1593년경에 경에 경북 청도에서 부산 북구 사상을 거처 좌동으로 피난 온 것으로 알려져 있다. 이에 따르면 김치봉은 좌동 마을을 세운 마을 조상이라기보다는 좌동에 처음으로 들어온 김해김씨의 입향조라 할 수 있는데, 김해김씨가 좌동에 터를 잡은 이후로 김해김씨 후손들이 번창하여 김해김씨는 좌동의 중심 세거 문중으로 자리했다.

1904년에 작성된 『경상남도 동래군 가호안』에 당시 좌동의 가호수는 43가구로 그중 김해김씨의 가구가 21가구라 하였고, 1971에서 1976년 사이에 실시된 부산 내 동성마을 조사 결과를 담은 「부산지역 동성마을 조사보고서」에 좌동에 거주하는 김해김씨 가구는 29가구라고 하였다.

김해김씨 삼현파는 조선 정종 때 4대에 걸쳐 한 집안에서 청도 삼현(淸道三賢)으로 칭송받았던 김극일, 김일손, 김대유를 배출한 데서 비롯되었다. 좌동 입향조 김치봉의 무덤은 원래 사상에 있었으나, 1996년 좌동 문중에서 문중 소유의 산[좌동 산128-1]으로

위 : 덕송재(德松齋). 덕송재의 현판은 국무총리를 역임했던 김종필이 썼다.
아래 : 덕송재 내부 [김해김씨 삼현파 좌동문중 제공]

이장하였고, 마을[좌동로 91번길- 42]에 문중 재실인 '덕송재(德松齋)'를 건립했다. 재실에 봉안한 위패는 김해김씨 103위와 한국전쟁 참전용사 8위 등 모두 111위이다. 현재 문중 회원은 600여 명으로 음력 10월 10일 전후 일요일에 날을 잡아 지낸다.

김해김씨 문중의 좌동 입향조를 통해 좌동이 임진왜란 전에 형성된 마을임을 알 수 있으나, 좌동에 처음으로 들어와 마을을 일군 기촌주(基村主)의 성씨는 정확히 알 수 없다. 마을 주민 중에는 좌동에 처음으로 들어온 성씨는 수성나씨로 이후에 김해김씨, 여산 송씨가 마을에 들어왔다고 하기도 하며, 좌동의 또 다른 세거 문중 인 여산송씨(礪山宋氏)가 마을에 처음으로 들어왔다고 하기도 한 다.

한편, 과거 좌동에서는 마을 수호신을 모신 제석당에서 당산제 를 지낼 때 제주가 "김녕김씨 할매요! 박씨 할배요! 내려오시이 소."라고 소리치며 마을신이 제장에 좌정하기를 청하는 독특한 강 신의례를 행했는데, 동해안과 동남해안 일대 지역에서는 기촌주를 마을 수호신[골매기]으로 모시고 있다는 점에서 볼 때, 이 마을 기 촌주는 김녕김씨와 본이 알려지지 않은 박씨일 가능성도 있다.

우리 영감이 제주를 맡아서 당산제를 지낼 때 보면, 제석당에 제 물을 차려놓은 다음에 발을 땅에 구르고 큰 소리로 "김녕김씨할매 요! 박씨 할배요! 밥 자시러 내려 오시소."라고 세 번 외칩니다. 그 냥 외치는 것이 아니라 발을 구르면서 막 소리를 쳐요. 그게 이제 신을 부르는 택이지. 그렇게 하고는 술 올리고 절합니다. 지금은 그렇게 안 하는데, 예전에는 그렇게 했어요. 내가 시집와서 제사 모실 때 그렇게 하더라고요.

— 윤내순(여, 1935)

1908년의 동하면 신호적에 기록되어 있는 좌동의 성씨별 가구 수는 김해김씨(金海金氏: 25), 청도김씨(淸道金氏: 6), 여산송씨

(礪山宋氏: 6), 분성김씨(盆城金氏, 현 金寧金氏: 5), 월성이씨(月城李氏: 5), 담양전씨(潭陽田氏: 4), 경주김씨(慶州金氏: 3), 인동장씨(仁同張氏: 3), 광주노씨(光州盧氏: 2), 밀양박씨(密陽朴氏: 2), 청주한씨(淸州韓氏: 2), 함안조씨(咸安趙氏: 2), 달성서씨(達城徐氏: 1), 수성나씨(壽城羅氏: 1), 경주최씨(慶州崔氏: 1), 덕수이씨(德水李氏: 1), 순흥안씨(順興安氏: 1), 평해구씨(平海丘氏: 1), 안동김씨(安東金氏: 1), 원주원씨(原州李氏:1), 전주이씨(全州李氏: 1), 추계추씨(秋溪秋氏: 1) 등이다.[3]

이들 성씨 중 마을을 세운 기촌주로 거론되는 성씨는 김해김씨·여산송씨·의령김씨·수성나씨·밀양박씨 등인데, 그 진위는 정확히 알 수 없다. 기촌주로 여러 성씨가 언급된다는 점과 특정 성씨 가호 수가 상대적으로 많았다는 점을 고려할 때, 좌동은 특정 성씨의 동족 마을에서 출발했다기보다는 각 성씨가 모여 마을을 일구며 살았던 각성바지 마을로 출발했다가 이후로 김해김씨, 여산송씨가 세거 문중으로 입지를 다져나갔을 것으로 짐작된다.

행정구역의 변화

조선 시대 좌동은 동래부의 동면 중 동하면에 소속되었다. 1740년에 간행된 『동래부지』에 따르면 당시 행정구역은 읍내면, 동면, 남촌, 동평면, 사천면, 서면, 북면 등 7개면 22동 79리로 나뉘었는

---

3) 김병섭, 해운대 자연마을 성씨(姓氏) 이야기, 부산광역시문화원연합회, 2021

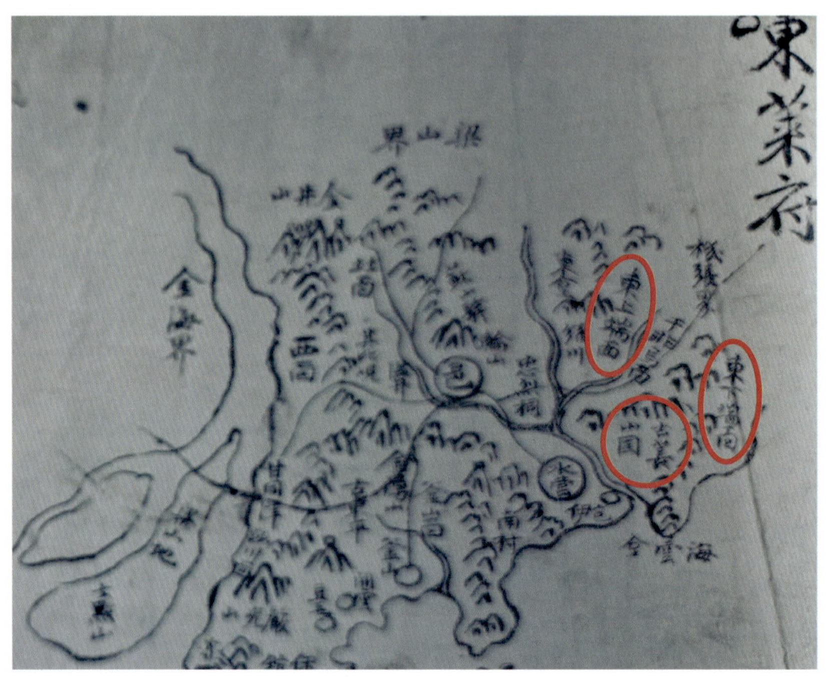

동상단면과 동하단면의 위치가 표기된 고지도. 동하단면에 고장산국(古莀山國)이라 표기되어있다.
[「지도초」 동래부 19세기, 『부산의 고지도』]

데, 이중 동면은 다시 동상단면(東上端面)과 동하단면(洞下端面)
으로 나뉘었다. 『동래향교지』에 따르면 동상단면에 소속된 마을은
학성, 서동, 북동, 동대, 을대, 오륜, 반송, 반여, 무정, 신천 등이며,
동하단면에 소속된 마을은 재송, 해동, 육동(중동, 우동, 좌동) 등
으로 18세기 좌동은 동래부 동하단면에 소속되었음을 알 수 있다.

18

구한말 '칙령 제36호'가 발효되어 지방이 7부로 나누어지면서 좌동은 동래부 동하면에 소속되었고, 1910년 동래부가 부산부로 바뀌게 되면서는 경상남도 부산부 동하면 좌동리가 되었다.

1942년에 좌동은 부산시 수영출장소에 편입되었고, 1947년 리에서 동으로 명칭이 변경되면서는 좌리에서 좌동이 되었다. 1953년에는 동래군 해운대 출장소가 설치되어 좌동, 우동, 중동은 해운대출장소로 편입되었고, 1957년 행정구역 단위가 구제로 변경되면서는 부산시 동래구 해운대출장소가 되었다.

1980년 해운대 출장소가 동래구에서 독립되어 해운대구로 승격되어 좌동은 부산직할시 해운대구 좌동이 되었다가, 1995년 부산직할시가 부산광역시로 변경되어 부산광역시 해운대구 좌동이 되었다.

● 지도로 본 좌동의 변천사

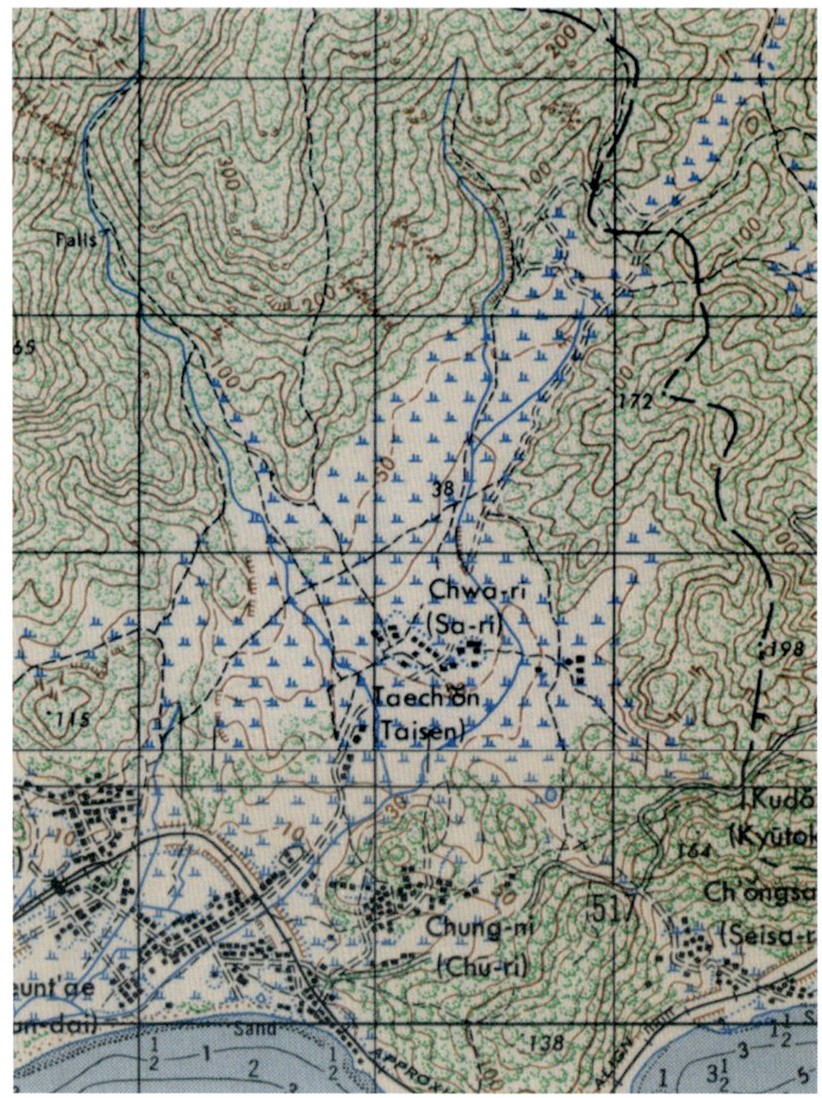

1946년 해운대구 좌동지도. 농지가 넓게 형성되었던 좌동의 모습이 담겨 있다.
[부경근대사료연구소 제공]

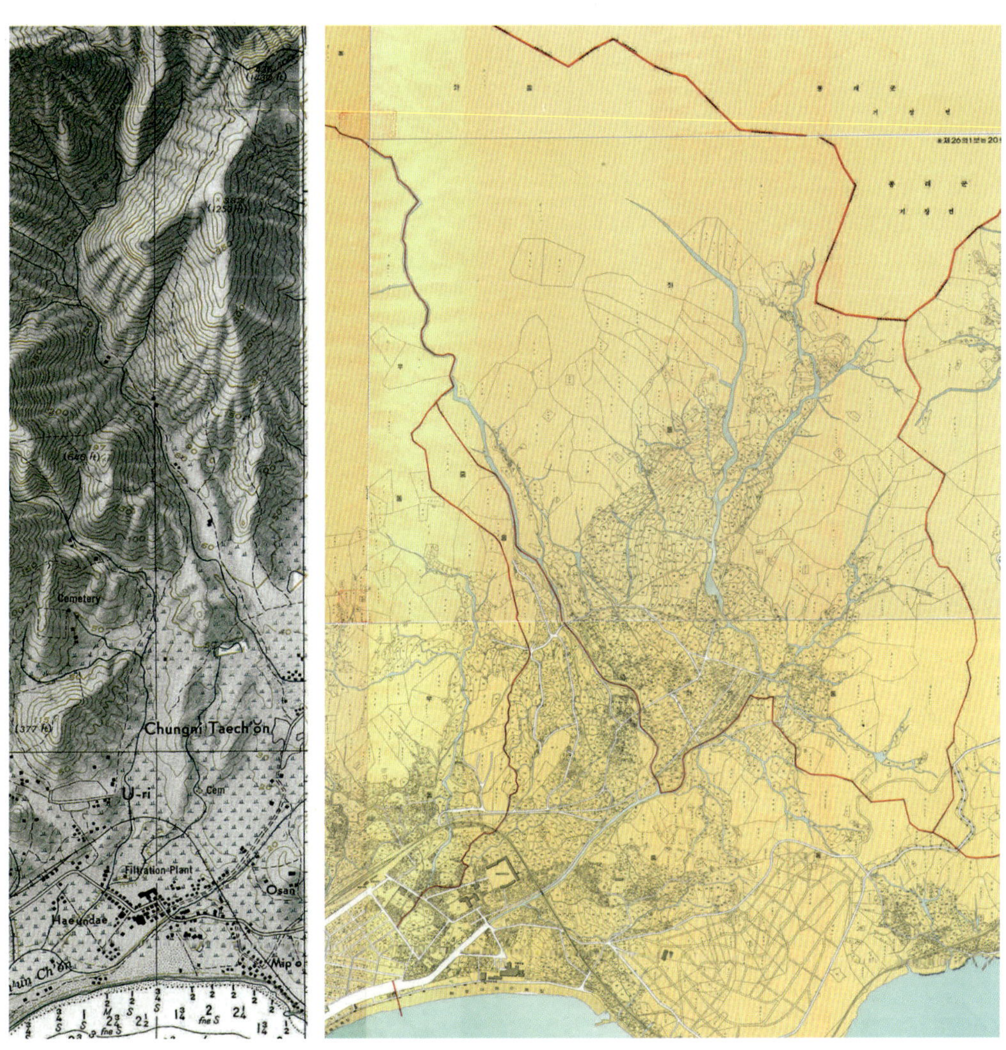

1956년 좌동지도
[부경근대사료연구소 제공]

1971년 해운대구 좌동 지도
[부경근대사료연구소 제공]

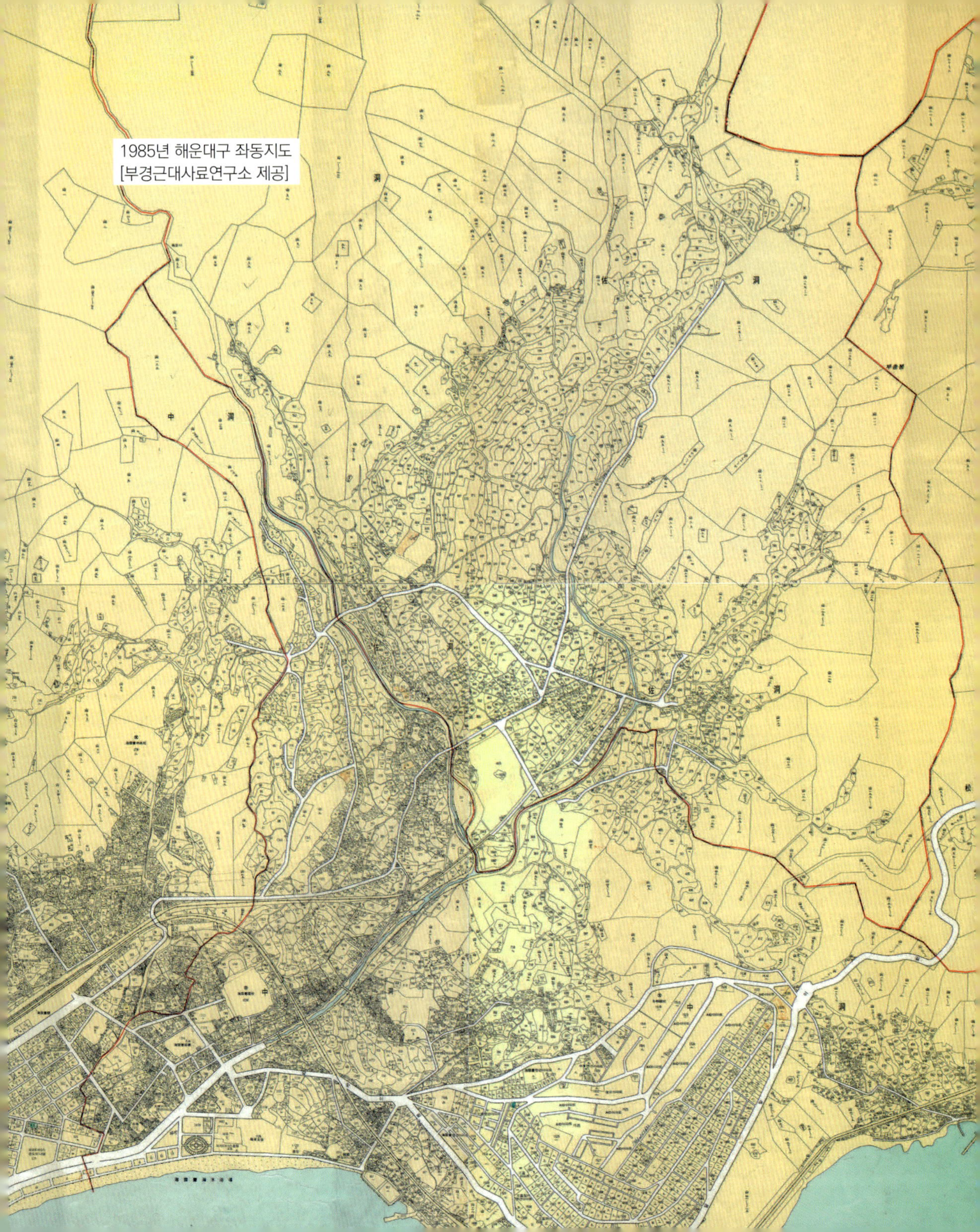

1985년 해운대구 좌동지도
[부경근대사료연구소 제공]

1996년 해운대구 좌동 지도
[부경근대사료연구소 제공]
佐 洞
中 洞

2. 좌동을 품었던 장산과 대천

1) 해운대의 진산인 장산

장산(萇山)·장산(長山)·상산·봉래산

금련산맥 중 가장 높은 산인 장산(萇山)은 해운대의 진산으로, 사료나 고지도에는 달리 장산(長山), 상산(上山), 봉래산(蓬萊山)이라고도 한다. 이들 모두 장산의 이칭(異稱)이라 할 수 있다. 이중 장산(長山)은 고지도 속에만 나타나며 그 외 상산(上山)과 봉래산(蓬萊山)은 지리지와 고지도에 나타나는데, 이들 이칭 중 널리 알려진 이름은 상산(上山)이다.

『동래부지』에는 "장산은 동래의 주산(主山), 속(俗)에 상산(上山)이라고 한다."라고 했고,『신증동국여지승람』동래현 산천조에는 "상산(上山)은 현의 동쪽 15리에 있으며, 대마도를 바라보기에 가장 가깝다."라고 했다. 반여동에서는 장산을 달리 '상살미산'이라고 하는데, 이 말은 상살뫼가 와전된 말이다.

한편,『조선환여승람』의 동래군 산천조에 "장산: 속칭 상산(上山), 일설에 봉래산(蓬萊山)이라고도 하는데 군의 동쪽 15리에 있

조선 시대 봉산이었던 장산을 상산봉산(上山封山)이라 표기한 고지도
[「영남지도」 동래부 18세기 중엽, 『부산의 고지도』]

장산을 장산(長山), 장산국기를 고장산(古長山)으로 표기한 고지도
[「조선지도」 동래부 18세기 중엽, 『부산의 고지도』]

다."라고 하였는데, 『동하문고문서』 중 「장산 마고당기」에도 장산을 봉래산과 연결 짓고 있다.

"고을의 남쪽 성에 선녀를 위로하는 '마고단'이 있었는데, 사람들이 번번이 응답을 받는 기도가 있어 신선이 된다."고 한다. 내가 사는 고을은 옛날에 봉래라 칭하고, 동쪽 끝 15리쯤에 장산이 있는데, 일광산 마루와 연결되어 몹시 험하고 경사가 심하고, 길고 가파르며 굽이굽이 바다 위로 솟아 있는 이 산을 이 땅에서 가장 높은 봉우리이다. 천천히 걸어 정상에 우뚝 서면 바다가 내려다보이는 최고로 좋은 곳이다.[1]

장산의 지명 유래에 대해서는 여러 가지 설이 있다. 『부산지명총람』에 "장산은 장산뫼로 가장 높은 산이란 뜻이며, 글자는 다르나 산 아래에 투구봉(鬪具峰), 군도산(軍韜山), 군량소(軍糧沼) 등이 있는 것으로 장수산이란 뜻의 장산(萇山)이라고도 풀이한다.[2]"라고 하여 장산의 지명은 가장 높은 봉우리라는 장수산에서 유래했을 것으로 추정했다.

---

1) 본문의 「장산마고당기(萇山麻姑堂記)」의 번역문은 '2025 해운대문화원 향토사 세미나'[2025년 12월 19일]의 발표자 황구[해운대문화원 향토사 전문위원]의 '장산국 실존설과 장산의 민속문화 장산고당과 천제단' 발표문에서 인용한 것이다. 그간 장산마고당기의 번역과 해제 작업이 이루어지지 못한 것을 발표자 황구가 번역, 해제하여 발표문에 수록하고, 이를 분석해 장산마고당의 현대적 계승방안을 제시했다.
2) 『부산의 지명총람』 제3권 -남구·북구·해운대구편-, 부산광역시사편찬위원회, 1997, 300쪽.

송포(松圃) 박재갑(朴在甲)의 「동면 신가사(東面 神歌詞)」에 "상산(上山)뫼 투구봉(峯)은 장군대좌(將軍大坐) 여기로다 / 묻노라 여기가 어디메요 장산국(萇山國)의 옛터일세"라고 하여 투구봉을 장군대좌라 칭하기도 했는데, 이는 장산 지명이 대장군의 지세가 서려 있다고 하여 장산(將山) 또는 장수산이라 불렀던 데서 유래했다는 설과 맥을 같이 한다.

장산을 장산(將山)과 연결 짓는 연유는 장산이 군사적 요충지로서의 지리적 입지가 중요했기 때문일 것으로 짐작되나, 장산을 달리 상산이라 불렀던 연유를 설명하지 못하고 있기에 수긍하기 힘든 점이 있다.

장산은 고지도에 장산(長山)으로 표기되기도 한다. 장(長)과 상(上)은 장자와 상제의 용례에서 알 수 있듯이 높은 존재라는 의미로 상통한다. 장산의 어원이 장산국과도 연계될 수 있겠지만, 장산 아래의 사람들이 장산을 상산이라 주로 칭했다는 점에 주목하면, 장산을 세계의 중심인 우주산으로 여겨 최고의 산이라 칭한 데서 비롯되었을 가능성도 있다.

이와 달리 장산 입구에 세워진 장산의 역사 안내판과 장산마을 초입부에 설치한 안내판에는 장산의 어원에 대한 설명이 다르게 기술되어 있다. 이들 안내판은 지역 또는 마을에서 내세웠다는 점에서 장산의 어원을 공식화하는 경향이 있는데, 안내판에 기술된 내용에 오류가 나타나 아쉬움이 크다.

‘장산 역사 안내판’에서는 장산은 ‘거칠다’에서 비롯된 지명으로 설명하고 있다.

장산(634m)은 동 남해를 바라보며, 가파르게 우뚝 솟은 해운대의 진산(鎭山)이다. 장산 이름의 유래는 ‘거칠다’라는 의미와 거친 복숭아(돌복숭아)가 생산되는 나무가 많아 장산이라 하였다. 태백산 끝자락에서 그 정기를 이어받은 달음산(기장군 일광면)에서 장산-금련산-황령산-봉래산(영도)으로 이르는 금련산맥에서 가장 높이 치솟아 위풍을 자랑하고 있다. 장산의 나이는 대략 6천 2백만~7천 4백만년 전에 화산폭발로 만들어진 산이다. 이때 지축을 울리는 폭발음과 화산재가 지상 20㎞ 상공까지 치솟아 올린 폭발형 화산이다. 그전까지 장산일대는 거대한 공룡들이 한가롭게 살았던 분지였다.

장산 억새밭 일대 분지에는 삼한시대 장산국이 있었다고 전해진다. <동래부지> 산천조에 ‘상산(上山, 웃뫼)’을 장산이라고도 한다. 동래부의 15리에 있으며, 대마도를 바라보기 가장 가깝다. 산의 정상에 평탄한 곳이 있고, 그 가운데가 저습한데 사면이 토성과 같은 형상이며, 둘레가 2천여 보 된다. 전해오기로 장산국기(장산국의 터)라고 한다’고 하였다. 간비오봉수대는 장산의 한 지맥이 서남쪽으로 뻗어 내려오다 일단 멈춰 동남쪽으로 형성된 간비오봉(147.8m) 정상에 위치하고 있다.

봉수는 높은 산에서 불을 피워 밤에는 횃불로, 낮에는 연기로 급한 소식을 전하던 통신제도이다. 간비오봉수대는 경상좌도 수군절도사영이 관장했고 조선 초부터 조선 말(1894년)까지 봉수를 올렸으며 황령산봉수대의 연락을 받아 기장 남산봉수대로 연락되는 경상좌도의 간봉 기점으로서 역할을 하였다.

— 장산의 역사 안내판

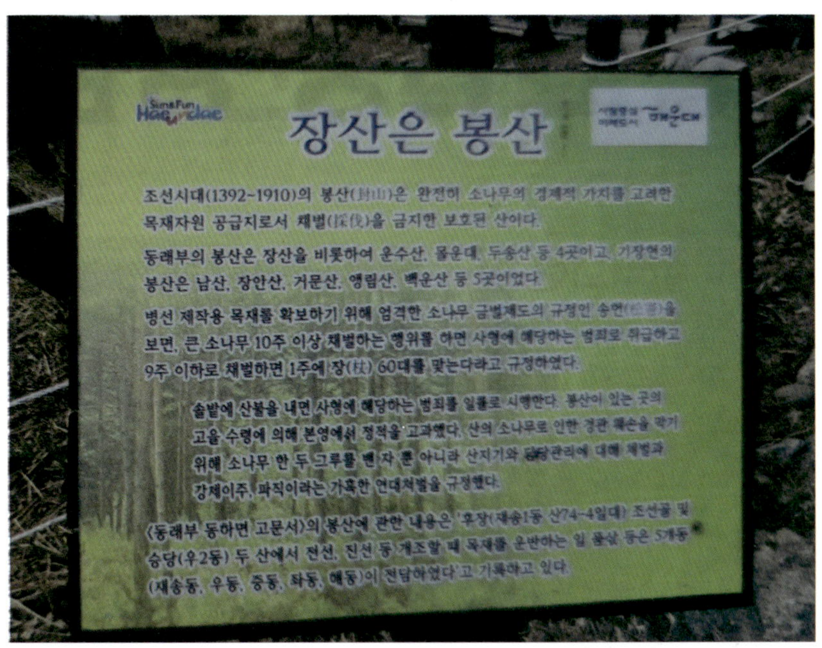

장산에 세워진 장산의 역사 안내판

안내판에 기술된 글이 일목요연하게 정리되지 못하고 다소 혼란스럽게 기술된 측면이 있는데, 그중 장산의 어원에 대해서만 살펴보면, "장산 이름의 유래는 '거칠다'라는 의미와 거친 복숭아(돌복숭아)가 생산되는 나무가 많아 장산이라 하였다."라고 하여 장산은 '거칠다'에서 비롯된 것으로 기술되어 있다. 이는 거칠산국과 연계지어 장산의 어원을 밝히고자 한 의도로 보이나, 장산이 거칠다는 말에서 왔다는 연유를 밝히지 못하고 있다. 거칠다에 어원을 둔 산은 오히려 황령산(荒嶺山)이다. 또한 장산은 돌복숭아나무가 많아 장산이라 불렸다고 하였는데, 장산의 장(萇)은 괭이밥과에 속하는 여러해살이 만초(蔓草)를 가리키는 양도(羊桃)를 의미하는 것으로 이를 돌복숭아나무와 연결 짓는 것도 무리가 있다.

반면, 장산마을 초입부에 세워진 장산마을 안내판에는 장산의 이칭인 상산과 우시산국과 관련지어 설명하고 있다.

이 장산국이 삼국사기의 거도전에서 말한 우시산국인 것으로 전해진다. 이는 부산시사1권에서도 우시산국의 尸자를 ㅅ사잇소리 이두음으로 보변 于(우), 尸(ㅅ), 山(산)인 상산(上山)이라 한 위의 산인 웃산과 뜻이 통한다. 그래서 "웃산"인 상산은 높다는 뜻보다는 장산 주위에 살던 옛사람이 산을 신성시(神聖視)해서 우러러보는 존재가 되고 또 선인들이 이 산을 중심으로 살았기 때문에 "웃뫼”라고 한 것으로 보이며, 그리고 장산의 웃산인 상산의 우시산 국이었을 것으로 보인다.

— 장산마을 안내판

그런데 고대 부족국가 중 하나인 우시산국은 경북 영덕군 영해 면에 있었다 하기도 하고 울산지역에 있었다 하기도 하여, 장산과 연계짓기는 힘들다. 웃산은 우시산국의 산을 지칭한다기보다는 높은 산, 최고의 산, 지고한 산이라는 의미를 갖는 말로 장산에 대한 일종의 경칭(敬稱)이라 할 수 있다.

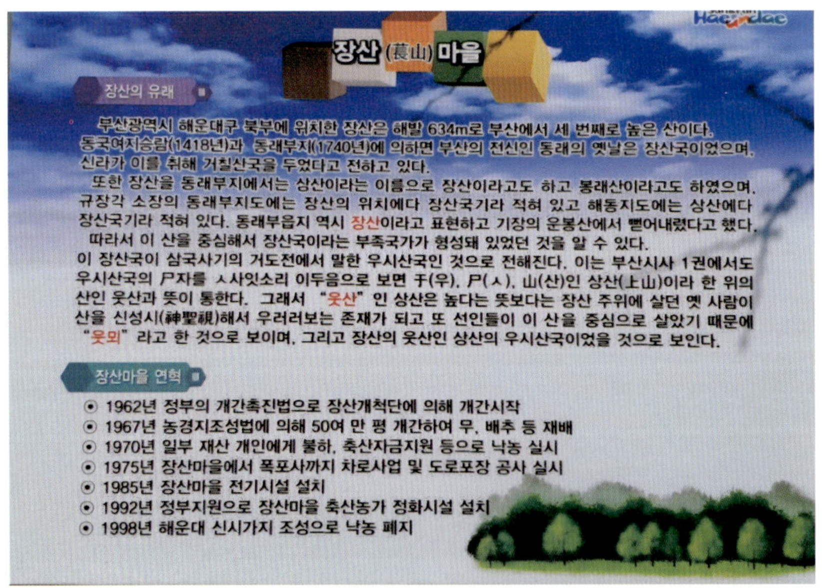

장산마을 안내판

　장산에는 부부암[영감할배바위], 상여바위, 제왕반바위, 장군바위, 농바위 등등 전설이 깃들어 있는 바위들이 많다. 이들 바위는 때때로 민간 신앙의 대상이 되어 마을 주민들이 갖은 사연을 담아 치성을 드리기도 했다.

　이들 바위 중 마을 공동체 의례로 기우제를 지냈던 바위도 있었는데, 기우제의 제 터가 되었던 바위 중 널리 회자 되는 바위는 장산의 8부 능선에 우뚝 솟아 있는 장군바위다[높이 11m, 둘레12m]. 그런데 이 바위는 재송동 쪽에 있어 좌동에서 이곳에서도 기우제를 지냈는지는 알 수 없다.

　장산의 기우제 제터에 대한 이야기가 더러 전해오나, 아쉽게도 기우제를 지내는 제의 방식은 전해오지 않는다. 기우제는 민속 의례 중 의례 방식이 다양하게 형성되었던 의례다. 예컨대 횃불을 들고 산 정상으로 가 불을 지펴 연기가 마치 구름처럼 하늘을 뒤덮게 하기도 하고, 제관이 유교식 제의로 엄숙하게 제를 지내기도 하고, 바위에 줄을 묶어 바위를 파내는 시늉을 하며 잡아당기기도 하고, 묘를 파헤치기도 한다. 장군바위에서 행한 기우제 방식은 알 수 없는데, 장산 정상에서 행했던 좌동의 기우제는 제의 공간의 특성을 고려할 때 먹구름이 몰려오면 비가 내리듯이 불을 지펴 그 연기가 하늘에 닿도록 하여 비를 내리게 하는 일종의 유감주술적 방식의 의례를 행했을 가능성이 있어 보인다.

한편, 송포(松圃) 박재갑(朴在甲)의 「동면 신가사(東面 神歌詞)」에 "상산(上山)뫼 농(壟)바위야 옛일을 물어보자"라고 하여 장산의 농바위가 언급되어 있다. 농바위는 전국적으로 널리 나타나는 바위 이름으로, 농바위가 있는 산에서는 주로 농바위에 새끼줄을 묶어 바위를 끌어당기며 기우제를 거행했다. 이는 바위를 훼손하는 것으로 신성을 모독하여 천신을 노하게 함으로써 천신이 비를 내리도록 하는 의례로, 전국적으로 널리 행해졌던 기우제 방식 중 하나였다. 이에 따르면 장산의 농바위에서도 이러한 방식의 기우제가 행해졌을 것으로 짐작된다.

좌동에 전해오는 바에 따르면 좌동에서는 주로 장산 정상에서 기우제를 지냈다고 하는데, 기우제를 지내면 사흘 안에 비가 내렸다고 한다.

기우제는 어른들이 장산 만댕이[꼭대기]에서 기우제를 지냈다 하더라고요. 그기서 제사 지내면 사흘 안에 비가 온다 하더라고요.
— 김수찬(남, 1949)

고지도 속에 장산 봉우리의 선돌[입석(立石)]이 표기되어 있다. 아마도 좌동 마을에서는 오랫동안 장산 정상에 있었던 이 선돌에서 기우제를 지냈던 것으로 보인다.

장산 정상에 입석(立石)이 표지되어 있다.
[「동래부산고지도」 19세기 후반, 『부산의 고지도』]

전설이 깃들어 있는 장산

장산에는 신을 모시고 제사하는 신당, 비를 기원하며 치성을 드렸던 바위 등 장산에 의지하며 살았던 산 아랫마을 사람들의 이야기와 더불어 지역사회에 오랜 세월 전승해오면서 역사적 진실로 여겨지는 허구적 이야기인 전설도 담겨있다. 전설은 말 그대로 전해오는 하나의 설에 불과하나, 지역민들의 상상력이 담겨있다는 점에서 소중한 문화 자산이라 할 수 있다.

주영택의 『해운대 역사와 문화를 만나다』[3]에는 애기소, 선바위, 등바위 전설이 수록되어 있다. 먼저 애기소 이야기다. 애기소는 여기담(女妓潭)의 별칭으로, 『동래부지』 산천조에 여기담은 동래부의 동쪽 15리에 있다고 기록되어 있다.

여기담은 애기소로 불린다. 애기소는 구시폭포에서 계곡을 따라 500m쯤 내려가면 있다. 일명 감태소라 칭하기도 한다. 아기를 밴 처녀가 투신하여 죽었다고 하여 붙여진 이름이다. 처녀가 죽은 후 이 소에서 놀던 처녀들이 실족하여 익사하는 일이 종종 생겼다. 사람들은 처녀의 원귀가 처녀들을 유인하여 죽게 만든다는 속신을 전해온다. 석태암은 처녀의 원혼을 달래 천도하기 위해 불사한 암자라고 전한다.

---

3) 주영택, 『해운대 역사와 문화를 만나다』 해운대지구 향인회, 2010.

다음은 기우제 제터로 유명했던 장군바위에 얽힌 전설이다.

먼 옛날 마을의 한 나무꾼이 나무를 하러 가 이 바위 옆에 이르니 바위 위에 한 미녀가 앉아 있었다. 나무꾼은 이 산중의 선바위에 남자도 올라가지 못하는 바위 위에 여자가 올라가 앉아 있는 것이 신기하였다. 그래서 나무꾼은 이 바위 위에 앉아 있는 여자의 정체를 알아보기 위해 집으로 돌아와 긴 사다리를 가지고 올라가자 그 여자는 하늘로 올라갔는지 종적이 없고 바위만 우뚝 서 있었다고 한다.

마지막으로 좌동의 인색했던 장자가 망하게 된 사연을 전하는 등바우 전설이다.

등바우는 산 입구에 있는 바위인데, 좌동에 장자가 살았다. 그런데 과객이 너무 많이 찾아와서 한날 도사가 오기에 장자가 과객이 오지 않는 방법이 없느냐? 물어본즉, 저 앞에 보이는 등바우를 없애면 과객이 오지 않을 것이다라고 말했다. 장자는 이 말을 듣고 등바우 세 개 중 한 개를 산 아래로 굴러 떨어뜨려 버렸다. 그 뒤로부터는 과객이 오지 않고 장자도 망해 버렸다.

앞의 전설과 달리 아래의 이야기는 개인의 체험적 경험담으로, 이야기 속에는 과거 좌동 마을의 역사와 좌동 사람들의 삶이 담겨

있다. 먼저, 장산 호랑이를 만났던 이의 이야기는 달리 길이 없어 산길을 걸어 좌동에서 반송으로 갔던 시절에 호랑이가 길을 안내해 줬다는 내용으로 『해운대 자연마을 성씨이야기』에 수록되어 있다.

　반송동 본 마을에 전해오는 이야기 중 장산 호랑이에 얽힌 이야기 하나가 있다. 해방 후 해운대 좌동 본마을에 거주하던 김해김씨 성을 가진 이의 처가는 반송 본마을 양씨댁이었다. 해방되고 2~3년이 지난 어느 해 당시는 도로가 없고 차량이 다니지 않을 때였었다. 김씨는 처가의 장신 제사라 좌동 본마을에서 장산의 산길을 걸어서 부인과 함께 반송으로 넘어왔다. 한밤중 제사를 지내고 술을 거나하게 마시고 새벽 2~3시쯤 부인을 두고 김씨 혼자 좌동 집으로 간다고 나셨다. 안적사 인근 고대 마루에서 호랑이가 나타나자 김씨는 술기운에 겁도 없이 "호랑아 길 앞장서라. 앞장서라!"외치자 호랑이가 앞에서 길을 안내 하였다 한다.

　본 이야기는 채록자의 고모부 이야기이다. 당시 고모는 친정아버지 제사라 하룻밤을 묵었으며 고모부 혼자 밤길을 갔다 하는데, 담력이 보통 큰 사람이 아니라 하였다. 모든 사람들이 평소 좋은 선행으로 인생을 사신 덕에 산신인 호랑이가 나타나 길을 안내하였다고 말하고 있다.[4]

— 반송 본마을 양연모

---

4)　김병섭, 『해운대 자연마을 성씨 이야기』, 부산광역시문화원연합회. 2021. 200쪽.

단편적이긴 하나 장산 호랑이 이야기는 장산을 의지하며 살았던 지역민의 의식을 반영하는 설화라 할 수 있다. 좌동의 세 마을에서 마을신을 모시는 제당을 장산 자락에 세운 점에서도 알 수 있듯이 장산은 지역을 수호하는 신성한 공간으로 자리했었다.

반면, 일상적 공간으로 자리했던 좌동 주변의 부흥산이나 신곡산은 한 문중의 조상을 모시는 것으로 제한되거나, 땔감을 구하는 세속적 공간에 머물기도 한다. 그로 인해서 장산에서는 찾아볼 수 없는 사람을 해치는 도깨비[허재비] 이야기가 형성되기도 했다.

좌동 주민이 들려주는 도깨비 이야기는 새실 마을 내 공동묘지에서 만나는 내용으로 도깨비가 산에 나무하러 간 사람을 홀려 새실 마을 뒤 부흥산의 골짜기로 끌고 다녔다고 한다.

우리 영감이 한 번은 마을 사람들과 함께 소구루마 가지고 산에 가서 나무를 싣고 오는데, 나무를 싣다 보니 다른 사람은 먼저 다 가고 혼자 남게 되어 늦게 집으로 오게 됐어요.

그때 부대 안에 공동묘지가 있었거든요. 집으로 올 때쯤에 날이 어둑했는데, 갑자기 시퍼런 옷을 입은 이가 나오더니 아무 말 없이 우리 영감이 모는 소의 질매를 툭 치더랍니다. 그러니까 소는 집으로 가버리고 우리 영감만 남게 됐어요. 그러자 시퍼런 옷을 입은 이가 우리 영감을 데리고 끌고 온 데를 다니더랍니다. 그래 끌고 다니면서 물만골을 한 바퀴 돌더랍니다. 그게 허재비라.

동네에서는 우리 영감 소는 왔는데 사람이 안 오니까, 동네 사람들이 횃불을 켜고 우리 영감 이름을 부르면서 찾으러 갔어요. 가서 보니까 허재비가 국방색 옷을 입고, 시퍼런 옷을 입고는 "에잇! 오늘 그거 할라고 했더니만."하면서 우리 영감을 구덩이에 떠밀어 넣고는 뒤돌아서 가더랍니다. 예전에는 농사지을 때 거름 만든다고 구덩이를 파서 똥하고 물을 넣어서 섞어 놓았거든요. 그 허재비가 우리 영감을 그 구덩이 휙 밀어놓고는 가더랍니다.

그래서 동네 사람들이 우리 영감을 구덩이에서 건져서 집으로 데리고 왔어요. 허재비한테 홀려서 정신을 못 차리더랍니다. 그래서 소 질매에다가 우리 영감을 눕혀서 사흘간 집 밖에 눕혀 놓았답니다. 그랬더니 차츰 정신이 들어 우리 영감이 살아났다 하더라고요.

— 윤내순(여, 1935)

상산마고당과 천제단

장산 아래에 형성된 마을에서는 예로부터 장산을 신령이 좌정해 있는 성스러운 산으로 여겨 장산 중턱에 신당을 세우고 지역과 마을의 안녕과 번영을 기원했고, 가뭄이 심하면 장산의 장군바위, 농바위 등을 찾아 기우제를 지냈다.

　　지역주민이 장산에 상산마고당과 천제단을 세우고 제사를 지내기 시작한 시기는 정확히 알 수 없다. 2000년에 당시 좌동 주민들이 결성한 장산신당보존회[현 좌동향토문화보존사업회]에서 상산마고당 옆에 안내판을 세웠다. 여기에는 "서기 1714년 이래 동하면민이 기우제를 지낸 것을 계기로 마고할머니를 모신 제당을 세워 정·유월에 제를 질병 예방과 풍농·어를 기원하였다는 기록이 부산광역시 유형문화재 제24호인 『동하면고문서』(좌동경로당 보관 중 1992년 부산시립박물관에 기탁 한 총 36책) 가운데 "東下大洞節萇山神堂重建募椽文"에 기록되어 있습니다."라고 기술되어 있다.

　　그런데, '장산신당중건모연문'과 '장산마고당기'에는 상산마고당제가 1714년 동하면민이 기우제를 지내기 위해 제당을 세웠다는 말은 언급되어 있지 않고, 장산은 지역의 명산으로 수백 년 전부터 가뭄에 비를 구하고, 재해와 질병의 근원인 여귀(厲鬼)을 물리치고 농사에 풍년이 들기를 기원했다고 한다.

　　다음은 황구[해운대문화원 향토사 전문위원]가 번역한 '장산신당중건모연문'와 '장산마고당기'이다.

　　'장산신당중건모연문'에는 수백 년 전부터 장산 아래의 좌동, 우동, 중동에서 신당을 창건해 매해 정월, 유월 두 차례 제사를 지내며 지역민의 안녕과 번영 그리고 풍요를 기원했다고 한다.

장산은 본군 내의 거대한 명산이다. 수백 년 전부터 산 아래 좌동·우동·중동 세 동네에서 조용한 곳에 신당을 창건하고 매년 정월 유월 두 달에 세 동네 사람들이 치성을 드리고 제사를 올리고, 바라는 게 있으면 무엇이든지 반드시 이 신당에 빌어서, 우리에게 수명을 주고 우리에게 복을 주며 여귀를 멀리 몰아내고 오곡을 풍성하게 익게 하였으니 신이 참으로 영험하다. 오늘에 이르러 이 신당은 해가 오래되어 낡고 상하여 위로 비가 새고 옆으로 바람이 통하기에, 세 동네 사람들이 반드시 중건해야 하겠다고 생각을 같이 하였으나 모자라는 것이 금전이다. 이에 초호(草胡)의 글을 지어 단월(檀越)의 보시를 바라나니, 엎드려 비옵나니 여러 군자들은 조그마한 돈 한 푼을 아끼지 마시고 십시일반을 이루게 하시어 이 신당이 썩지 않고 영구히 전해지도록 하신다면, 복을 구하고 신을 섬기는 도리에 천만다행이라 여깁니다.

또한 '장산마고당기'에서는 장산 신당은 질병을 예방하고 지역민이 무병장수하기를 기원하기도 했고, 가뭄이 들 때는 기우제를 지내기도 했다고 한다.

장산의 돌 아래 마을 좌동, 우동, 중동 세 마을에서는 옛날부터 여러 대에 사람들이 정성을 드려 산에 세워진 하늘의 깨끗한 땅으로 한 자리에 신사(神祀)를 구축하고자 하였다. 이에 의심하여 말하기에 마고당(麻姑堂)은 물이 가물거나 질병을 위한 기도하는 곳

상산마고당

천제단 [좌동향토문화보존사업회 제공]

이라 하였다. 1년 동안 제때에 제사를 받들어 모시는 법이 이와 같았으나 그 운명과 각양의 의례를 알지 못하여 지금까지 덮고 있었다.

상산마고당이 언제 창건된 것인지는 정확히 알 수 없다. 현전하는 상산마고당은 1924년 7월 6일에 종래의 제당을 중건한 것이다. 상산마고당 현판 낙관에 '중원갑자칠월중건(中元甲子七月重建)', 상량문에 '중원갑자칠월육일미시입주상량(中元甲子七月六日未時立柱上梁)'이라 기재되어 있다.

'장산신당찬조목(萇山神堂贊助目)'에 상산마고당 중건에 참여한 마을은 좌동, 중1동(오산, 미포), 중2동(대천, 온천), 중3동(청사포, 신기), 우1동(장지), 우2동(운촌) 등 9개 마을로, 이들 세 마을에서 매해 윤번제로 제사를 지냈다고 한다.

상산마고당제는 예로부터 매해 음력 1월 3일과 6월 3일 두 차례 지냈는데, 정월에 행했던 제의는 전염병 예방과 동하면 마을의 안녕과 번영을 기원했고, 유월에 행했던 제의는 풍해, 충해, 병해 등 삼재를 소멸하여 풍년이 들기를 기원했다. 동하면의 좌동, 중동, 우동이 지역의 공동체 의례로 상산마고당제를 지내면서, 이들 지역에서는 상산마고당제를 지낼 때면 상산마고당제를 지낸 후 마을로 돌아와 마을신을 모시는 당산제를 지냈다. 이러한 제의 구조는 지역 공동체 의례와 마을 공동체 의례가 결합된 독특한 구조로, 여

타 지역에서는 잘 찾아볼 수 없는 이 지역 공동체 의례 문화의 특징이라 할 수 있다.

마고(麻姑)는 도교에도 나타나는 신이기는 하나 우리 민속에서 마고는 달리 마고할미라고 불리며 이 세상의 자연물 또는 지형을 창조한 거인 여신으로 여긴다. 장산에 마고를 모시는 제당과 천신을 모시는 제단을 세운 것은 지역민들이 장산을 세상의 질서가 시작되는 우주산으로 여겼기 때문이다. 이에 장산을 구심점으로 일대 마을이 함께 지역의 안녕과 번영을 기원하는 또 다른 공동체문화를 형성할 수 있었던 것인데, 1971년 운촌에서 상산마고당제의 참여하지 않겠다고 선언하면서 이러한 지역 신앙공동체는 서서히 와해 되기 시작했다. 『동하면 고문서』 중 '결의문'에 1971년 6월 3일 운촌에서 제사를 지내지 않겠다고 하자, "제사 부담금 21,654원을 좌동, 중동, 대천, 청사, 장지 마을 대표들이 연대 날인하여 결의한다."라고 하여 그해 제사 부담금을 다른 마을에서 나누어 부담하도록 했다고 기술되어 있다.

1971년에 운촌이 빠진 뒤로 나머지 마을에서는 변함없이 관례에 따라 제사를 모셨으나, 시대적 변화의 추이에 따라 각 마을에서도 제사를 모시기 어려운 상황이 되자 1980년대 각 동의 동장들이 회합하여 좌동에서 상산마고당제를 전담하도록 결정한 뒤로, 좌동에서는 지금까지 변함없이 상산마고당제의 전통을 계승하고 있다.

상산마고당 제사와 관련해 전해오는 내용 중에는 상산마고당에 치성을 드려 소원성취를 이루기도 했다는 이야기와 더불어 부정이 있는 이가 제관을 맡거나 제관을 맡은 이가 제사 후 금기를 어기고 부정을 저지를 경우에 마고할미가 신벌을 내렸다는 이야기도 있다.

광복 후 유월 제사를 지낼 때 동하면 내 노인들의 모임인 갑계에서 송아지를 잡는데, 날씨가 무더워 사람들이 두루마기를 벗어 신당 옆에 벗어두었더니 갑자기 두루마기 하나가 하늘로 날아 올랐다는 이야기도 있다. 양운폭포 아래의 가마소에 떨어진 두루마기를 사람들이 긴 작대기 두 개로 휘저어 찾았으나 찾지 못했다. 두루마기는 집안에 임신부가 있었던 제관의 것으로 이후 그 제관은 신벌을 받아 죽었다고 한다.

또한 상산마고당제를 모신 후에도 1년간은 출산, 초상, 혼사 등에 가지 않고 부정을 가려야 하는데, 제관을 맡은 이가 제사를 지낸 후 동생이 죽게 되자 이를 어기고 동생의 수족을 거두었는데, 이 일로 신벌을 받아 얼마 뒤 원인 모를 병을 알아 죽었다고 한다.

상산마고당과 달리 천제단이 창건된 연대와 창건 목적에 대해서는 알려진 바 없다. 천제단은 돌로 쌓아 만든 제단으로 상단에 세 기의 입석이 세워져 있다. 세 기의 입석은 인위적으로 세운 입석으로 보이나 그 의미는 정확히 알 수 없다. 천제단 제사의 축문에는 천신만 언급되어 있으나, 마을에서는 천제단의 입석이 각기 천신,

지신, 산신을 상징한다고도 하며, 천(天), 지(地), 인(人)을 상징한다고도 한다.

한편, 상산마고당의 마고는 신력(神力)이 높은 영험한 신으로 널리 알려져 있다. 전국각지에서 치성을 드리기 위해 찾는 무속인과 일반인들이 많아, 평시에도 신당에는 치성을 드린 흔적이 곳곳에 남아있을 정도다.

새로운 문화 공간으로 자리한 장산

2000년대에 접어들면서 장산은 해운대구의 새로운 문화 공간으로 확대되었다. 그 변화를 알렸던 대표적인 행사는 '해운대를 사랑하는 모임'이 주관하고 해운대구청, 부산국학원, 부산선도문화연구원, 해운대라이프 등이 후원하는 '장산제'다.

장산제는 2000년에 개최한 이래 지금까지 매해 10월과 11월 중 주말을 택해 장산 헬기장에서 거행되고 있다. 장산제는 장산을 길이 보존하고자 하는 열망과 지역의 안녕과 발전을 도모하고자 하는 기원을 담은 제사를 중심으로 각종 전통 예술 공연이 부가된 문화행사다. 식전 행사인 개천무, 전통무예 대금공연, 본 행사인 산제 분향 헌작, 고천문 낭독, 식후 행사인 축하공연으로 구성되어 있다.

장산제 홍보 포스터
[손웅희 제공]

　장산제에서 거행하는 산제는 유교식으로 거행되며 제관의 헌작
후에는 하늘[천신]에 해운대구의 발전과 해운대구민의 안녕을 기
원하는 고천문을 낭독한다.

아득한 먼 옛날 옛적부터 하늘은 사람들의 신이었습니다.
하늘의 신은 아름답고 살기 좋은 자연환경을 만들어
그 안에 사람들을 살게 해 주셨습니다.
오늘 우리가 40만 해운대구민의 진산인 장산에서
하늘을 우러러 제사를 올리게 됨은 변함없이 내려 주신
큰 은혜에 감사드리고 장산의 큰 얼 안에 조성된 해운대구민들의
삶터에 안녕을 빌고자 함입니다.

　하늘이시여, 장산의 하늘이시여!
올 한 해에도 계절에 맞는 날씨로
국내외 많은 관광객이 우리 해운대를 찾도록 해주시고,
오곡백과가 풍작을 이루어
서민들의 팍팍한 삶에 활력을 주셨습니다.
고마운 하늘이시여, 은혜로운 장산이시여!
비옵나니 하늘이 주신 이 빛나고 넉넉한 장산을 지켜주시고
장산의 품에 안겨 살아가는 우리 해운대구민의 안녕과
그들의 가정에 하늘의 은혜가 충만하도록 보살펴 주시옵소서!

해운대구에서는 2021년 9월 15일 자치구 차원에서 자연 생태계가 우수한 지역을 공원으로 지정할 수 있도록 한 자연공원법에 따라 장산을 구립공원으로 지정 고시하고, 2022년 6월 28일 장산 정상을 개방했다. 장산구립공원은 자치구 단위에서 지정한 구립 공원으로서는 전국의 첫 사례다.

장산구립공원은 장산지구[12.580㎢]·신곡산지구[1.625㎢]·반송지구[2.137㎢] 등 세 지구로 나뉜다. 이 지역은 20년 내 공원을 조성하지 않을 시 도시계획시설이 해제되는 일명 공원일몰제가 적용되지 않기에 이들 지구의 산림, 자연생태계, 인문자원, 문화유산 등이 오래도록 관리 보존될 수 있게 되었다.

장산구립공원 지정으로 그간 여러 기관에서 나눠져 제대로 관리되지 못했던 자연자원이나, 인문자원, 문화유산들을 통합 관리하고 5년마다 자연자원 조사, 10년마다 보존관리계획을 통해 계승하고 발전시킬 수 있게 된다.

—『서울경제』, 2021.09.15.

2025년 장산제 제관과 관계자들
[손웅희 제공]

2025년 장산제의 식전 공연
[손웅희 제공]

2025년 장산제의 산제 분향
[손웅희 제공]

　장산이 구립공원으로 지정되면서 장산의 자연생태자원·역사자원·인문자원 등을 보존하고 관리하기 위한 노력이 다방면으로 경주되어, 장산의 곳곳에는 이들 자원을 활용하고 공유할 수 있는 공간들이 마련되었다.

　생활의 터전이자 신앙의 공간이었던 장산이 이제는 해운대구의 또 다른 문화 공간으로 확대된 것인데, 향후 장산이 품고 있는 장산 아랫마을 사람들의 삶의 흔적이 갖는 문화유산으로서의 가치도 재조명되어 장산의 인문 자산으로 활용될 수 있기를 바란다.

장산구립공원 입구

2) 춘천에 가려진 대천

춘천의 지류인 대천

좌동 마을 앞으로 흐르는 대천은 좌동과 송정의 경계인 부흥봉 골짜기에서 발원하여 지금의 장산역 인근에서 춘천과 합류하는 춘천의 지류 중 하나다. 대천(大川)은 큰 하천이라는 의미로, 좌동 사람들은 대천을 달리 한덕거랑이라고도 불렀다. 한덕거랑은 우리말로 큰 거랑을 의미하는 한거랑이 와전된 말이다.

근래 좌동의 대천을 춘천이라고 칭하는 경우가 많은데, 대천과 춘천은 각기 그 발원지가 다르다.

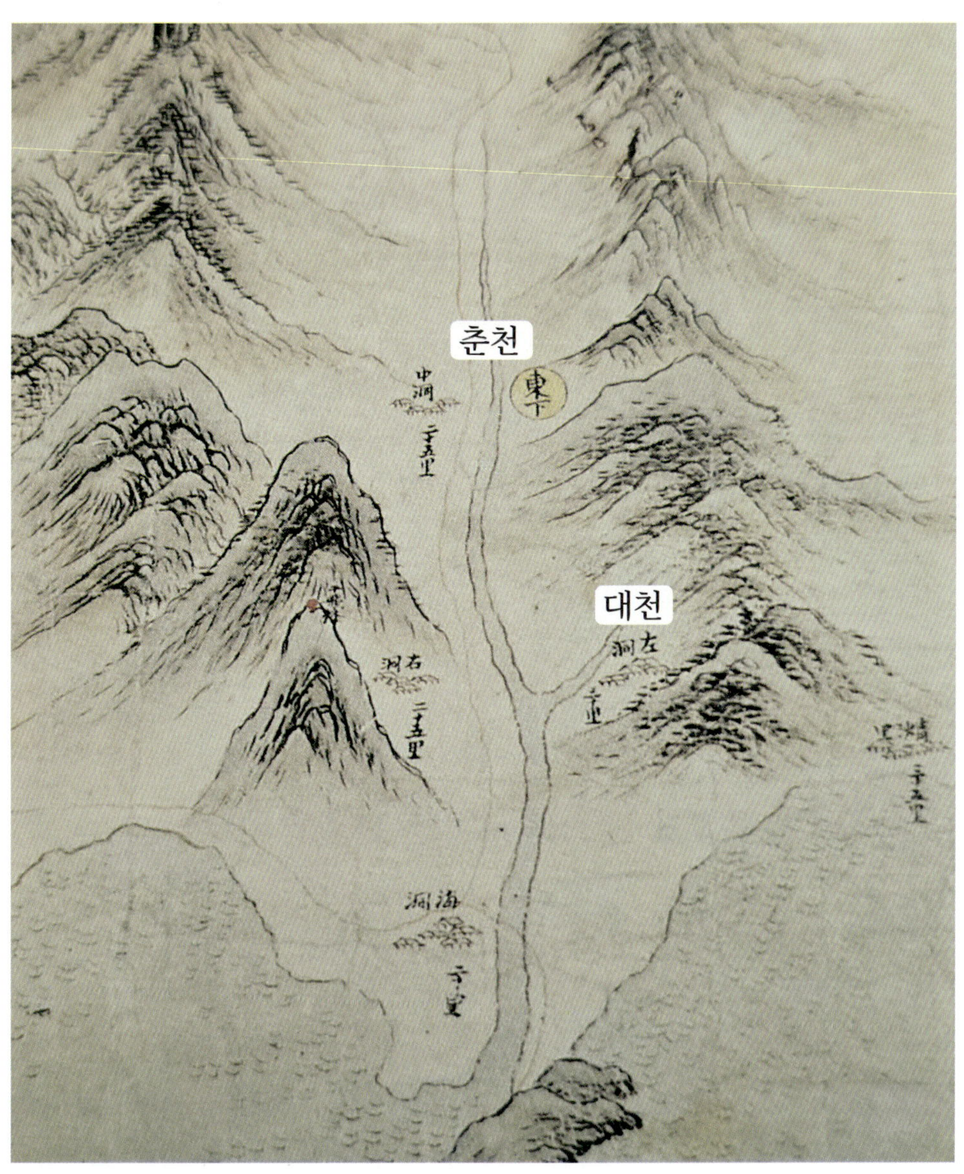

고지도 속 대천과 춘천
「동래부산고지도」 19세기 후반, 『부산의 고지도』

　대천은 좌동과 중동의 경계지가 된다. 지명에서 알 수 있듯이 원래 대천은 지금과 달리 강폭이 넓은 큰 하천이었고 지금처럼 직선으로 흐르는 하천도 아니었다. 상류에서 하류로 이어지는 구간 중에는 경사진 곳이 많아 물살에 셌던 하천으로, 홍수가 지면 물살에 실려 바위가 떠내려가는 소리가 천둥 소리와 같아 좌동 주민들이 밤잠을 설칠 정도였다고 한다.

　과거 대천은 좌동 사람들의 삶에서 주요한 공간으로 자리했다. 물이 귀한 시절에는 대천에서 물을 길어 식수로 사용하기도 했고, 아이들은 대천에서 수영도 하고 고기를 잡기도 했다. 대천은 물이 맑아 은어, 장어, 붕어, 피라미, 참게 등등이 많았고 때때로 수달이 올라오기도 했다.

　또한 대천은 마을의 경계지였기에 과거에는 대천 인근에 거릿대를 세워 하당으로 삼고 당산제 때 제사를 지내기도 했다. 현재 거릿대는 없어졌으나, 이전에 거릿대는 지금의 KCC 아파트 부근 대천 옆에 세워져 있었다.

　거릿대는 마을 어귀를 지키는 장승, 솟대, 돌탑 등과 같은 하당을 말하는 것으로, 이 마을에서는 신대[신간(神竿)]의 기능을 하는 대를 꽂고 제사를 지냈다. 그뿐 아니라 대천 인근에 생이집[곳집, 행상집]을 지어 상여를 보관하기도 했다. 대체로 상여를 보관하는 생이집은 마을 뒷산에 두나 이 마을에서는 하천 인근에 두었던 것인데, 이는 단순히 그곳에 생이집을 지을 공간이 있었기 때문만이 아

1970년대 대천과 대천교(좌동교)
[『사진으로 보는 해운대 백년사』]

니라, 생이집에 깃들 수 있는 죽음의 기운을 씻어내고자 하는 의미
도 있었다.

　부대 안에 공동묘지가 그때만 잠시 허가가 났으나, 지금은 그곳
에 묘를 쓰지를 못합니다. 그곳에 산소를 쓴 사람들이 군부대에서
입수한다고 했다가 그 일이 무산되어 산소가 지금도 그대로 있다.
우리 마을에는 예전에 마을에 초상이 나면 공용으로 쓰는 상여를

대천 인근의 집들
[『사진으로 보는 해운대 백년사』]

보관하는 생이집이 있었어요. 그 생이집이 어디 있었냐 하면 지금
장산향토문화보존사업회 사무실 옆 개울[대천]에 있었어요.
— 김재찬(남, 1949)

대천은 새실 뒷산인 부흥산에서 발원하여 물망골을 지나 새실
앞으로 흘렀던 하천과 만나[현 화목아파트 밑] 함께 춘천으로 합류
되는데, 새실 앞으로 흘렀던 하천을 큰거랑이라 불렀다. 큰거랑에
있었던 다리를 좌동에서는 새실 가는 다리라고 불렀다.

큰 거랑 역시 물이 맑아 물고기들이 많았고 홍수가 지면 대천은 오래도록 흙탕물이었으나 큰거랑은 맑은 물이 흐르기에, 좌동에서도 큰거랑으로 와 물을 긷거나 빨래를 하기도 했다.

새실에는 마을 뒷산 이마골 샘물을 먹고 살았는데, 그 물이 참 좋았습니다. 겨울에는 물이 따뜻하고 여름에는 물이 시원하고 그랬어요. 마을 앞에 큰거랑이라 불렀던 하천이 있었는데, 물이 맑고 깨끗해서 물고기들도 많이 살았어요. 장어가 얼마나 컸는지 모릅니다. 아랫마실이나 윗마실은 물이 귀하니까 우리 새실 하천에 물 길어 가고 빨래하러 오고 했습니다. 하천에 다리가 있었는데, 좌동에서는 새실 가는 다리라고 불렀어요.

— 강영숙(여, 1954)

좌동은 대천과 큰거랑이 있었지만, 마을 안에는 물이 귀했다. 장산을 달리 물산이라 할 만큼 물이 풍부했으나 장산의 물이 지대가 낮은 춘천 지류들로 분산되면서 정작 좌동에는 물이 귀했다. 대천의 상류에 형성된 대천마을과 달리 아랫마실, 중간마실, 윗마실에는 우물이 2개밖에 조성되지 못했던 것이다. 이에 좌동에서는 장산 폭포사 아래 절골의 샘을 식수로 사용했고 새실에서는 이마골 샘물을 식수로 사용했는데, 절골 샘은 홍수가 지면 식수로 사용하기 힘들었던 반면, 이마골 샘물은 홍수 때에도 물이 맑아 좌동에서도 그 물을 길어 식수로 사용하기도 했다.

물고기가 떠난 대천

대천은 신시가지 조성 때 대대적으로 정비되었다. 이 과정에서 1992년 대천 상류에 대천공원이 조성되었고 대천(大川) 호수로 만들어졌다. 이로 인해 대천공원은 도심 속 자연공원으로, 문화 공연장으로 자리매김했다.

그러나 그 이면에는 대천의 생태계가 파괴되어 황폐해져 가는 부작용도 있었다. 대천은 1990년대 대대적으로 정비되면서 많은 변화를 겪었다. 우선은 강 옆으로 축대를 쌓으면서 강폭이 줄어들었고 물길도 직선화되었다. 문제는 돌과 흙이 자연스럽게 어우러졌던 강바닥이 시멘트 시공으로 견고하고 균일하게 변화되면서, 강의 생태계도 서서히 변화되어 수초와 어종이 점차 줄기 시작했다는 것이다.

이러한 문제는 2006년도부터 시행되고 있는 '자연 친환경 하천 공사' 과정에서 가속화되어 지금은 대천에서 수초는 물론 물고기를 찾아볼 수 없게 되었다. 시멘트로 시공한 강바닥이 노후화되어 강바닥을 돌과 시멘트로 재보수하면서 생물이 자리할 공간이 사라졌기 때문이다.

1970년대 대천 상류 하상정비
[『사진으로 보는 해운대 백년사』]

대천공원 준설
[해운대구 미디어센터]

위 : 대천 상류에 조성된 대천공원 입구
아래 : 도심 갈맷길 정비공사 알림

　수초가 춤추고 물고기가 뛰어놀고 가끔은 철새도 찾아왔던 대천의 풍경을 이제는 볼 수 없게 되어 이를 아쉬워하는 주민들이 많다. 특히 대천과 함께 살았던 좌동 토박이들은 옛 대천의 모습을 잊을 수 없다고 한다.

　옛날에는 대천이 좋았어요. 농사지으니까 새도 오고 청둥오리도 오고 고기도 많았고. 대천 공사하면서 고기들이 많이 없어졌는데, 그래도 얼마 전까지 보면 여기 민물 장어도 몇 마리 다녔고 피라미도 있었어요. 청둥오리도 3마리 오고 했는데, 지금은 고기 한 마리도 없어요. 청둥오리도 안 보이고.

　예전에 어렸을 때는 여기서 낚시도 많이 했어요. 그물 놓고 잡으면 고기도 많이 잡고 했는데. 강바닥을 돌로 해놓으니까 보기는 좋은데, 강바닥에 웅덩이도 있고 해야 수초도 자라고 물고기도 살 수 있는데, 이렇게 해놓으니 자연이 살 수 있겠습니까? 사람들이 고기가 사는데 왜 다 없애느냐고 그래요. 물웅덩이가 있고 돌도 있어야 그 속에서 풀도 살고 고기도 사는데, 그게 다 없어지니까 지금은 못 사는 겁니다. 이렇게 되면 다시 회복하기 힘들죠.

— 송민태(남, 1952)

위 : 대천 ｜ 아래 : 대천교

위 : 대천 강바닥의 인공 물웅덩이 | 아래 : 돌로 마감한 대천 강바닥

시대에 따라 공간도 변화하는 것은 자연스러운 현상으로, 도심 속 하천이 갖추어야 할 요건도 있다. 자연 속의 하천과 달리 도심 속 하천은 재해에 안전해야 하고 주변 경관과도 조화를 이루어야 한다. 이런 관점에서 보면 지금의 대천은 도심 속 하천의 또 다른 모습을 보여주고 있다고 할 수 있다. 그러나 좌동 주민 중에는 도심 속 하천이 자연이 살아있는 모습으로 간직되었다면 이보다 귀중한 자연자산은 없지 않을까 하는 아쉬움을 갖는 이들이 많다.

새롭게 단장한 대천교

현재 대천천에는 새 단장한 옛 좌동교와 함께 대천교가 신설되어 도심 속의 색다른 경관을 만들어 내고 있다. 대천 주위로 산책로도 조성되어 있다. 이들 다리를 잇는 산책로를 따라 대천을 바라보는 풍경이 색다른데, 2003년에 조성된 중동과 좌동을 잇는 대천교는 도로와 맞물려 있어 대천교를 지나면서도 대천교인지 알지 못하는 이들이 많다.

대천교는 도심 속 색다른 경관으로 소중하나, 이 강이 대천임을 기억하는 다리라는 점에서도 소중하다.

위 : 2004년 4월 22일에 완공한 대천교
아래 : 대천교 도로변 난간

위 : 새단장한 옛 좌동교
아래 : 새로 건립된 대천교

대천 옆 산책로. 대천 상류로 가는 길목마다 다양한 대천의 풍경이 펼쳐진다.

2부.
좌동과 좌동 사람의 삶

1. 갇힌 마을, 군사보호지역으로

한국전쟁기 좌동에 들어선 탄약고

한적한 농촌이었던 좌동은 한국전쟁을 기점으로 군사보호구역으로 지정되어 통행증이 있어야만 마을을 출입할 수 있는 갇힌 마을이 되었다.

한국전쟁기인 1952년 좌동에는 탄약고가, 장산에는 육군군수사령부 산하 탄약지원사령부 병기 탄약사가 설치되었다. 동백섬에 1951년 동백섬에 탄약 하역 부두가 조성되면서 배후지에 탄약고들이 설치된 것이다. 좌동은 지리적으로 접근성이 좋기도 했고 평지가 많았으며, 바닷가와 거리를 두고 있어 습하지도 않았기에 탄약고로서는 최적지였던 셈이다. 일설에는 당시 탄약고는 모두 4곳으로 제1구역은 탁걸[해운대고] 일대, 제2구역은 몰리못[대창아파트] 일대, 제 3구역은 좌동 장자벌 일대, 제 4구역은 백동 일대에 조성되었다고 한다. 그런데 좌동 마을사람 중에는 좌동에 설치된 탄약고가 제1구역이라 하기도 한다.

탄약고는 051, 052, 053 등으로 이름을 매겨 각기 일정한 거리를 두고 설치했다고 알려져 있다. 좌동의 장자벌에 설치된 탄약고의 규모는 정확히 알 수 없으나, 관련 사진을 보면 탄약고가 규모

탄약고를 설치하고 있는 모습 [부경근대사료연구소 제공]

1964년 7월 22일 051탄약창이라 불렸던 해운대 609중대 탄약창-미국문서보관청.
[부경근대사료연구소 제공]

가 상당했음을 알 수 있다. 그러나 정작 탄약고 부지로 지정되어 강제 징발되어 농토를 잃었던 좌동 주민의 수와 그에 대한 보상에 대해서는 알려진 바 없다. 탄약고가 설치되면서 탄약고 부지에 농토가 있었던 이들은 탄약고 설치 후로 그 땅에서 농사를 짓지 못했다고 한다.

좌동 탄약고 폭발 사건, 좌동의 상처로

한국전쟁 기 좌동에 탄약고가 설치되어 미군이 주둔하면서 크고 작은 일들로 좌동 사람들은 생활에 어려움을 겪어야 했는데, 그중 가장 큰 피해가 발생했던 사고는 1좌동 탄약고 탄약 폭발사고로 좌동 주민은 물론 해운대 일대 주민들까지 때아닌 피난길에 올라야 했다.

좌동 탄약고 탄약 폭발사고는 1952년 6월 16일 오전 10시 50분경에 발생했다. 당시 탄약고 폭발은 며칠간 지속되었고 파편이 송정까지 날아갔을 정도로 컸다고 한다. 이때 장산 중턱에 자리한 상산마고당으로도 파편이 날아와 상산마고당 지붕이 훼손되었는데, 마을 주민의 꿈에 마고할미가 나타나 "내가 비를 맞고 있는데 너는 뭐하고 있느냐?"라며 꾸짖어 꿈을 꾼 이가 관할 부대에 간곡히 요청해 사비를 들여 지붕을 수리했다고 한다.

좌동 탄약고 폭발로 좌동 사람은 물론 인근 지역 사람들도 피난 아닌 피난을 떠났던 이들이 많았고, 인근에 근접하지 못하도록 수영에서부터 교통이 통제되기도 하는 등 일대가 아수라장이 되었다.

> 아침에 학교 가서 공부 한 시간 하고 난 뒤 폭발사고가 터졌거든요. 선생님이 빨리 집에 가라고 그래요. 그때는 버스가 없었으니까, 트럭에 책가방 먼저 던져 놓고 뛰어가 탔거든요. 그렇게 해서 트럭 타고 수영까지 왔어요. 수영에 오니까 경찰이 못 가게 해. 거기서 길이 막혀서 집에 못 가고 수영국민학교에서 하룻밤 자고 집에 갔죠.
>
> — 이덕춘(남, 1937, 송정)

당시 관련 신문 기사에 따르면 피난민이 삼만여 명, 일대 교통을 통제했던 군경이 50여 명이었고, 버스회사에서 이재민을 수송하고 식사를 제공했다고 한다.

> 災民(재민)을 救護(구호) 新興(신흥) 버스사(社) 美擧(미거)
> 지난번 좌동 탄약고 폭발 사고에 신흥여객버스 해운대영업소는 재민 삼만(三萬)여 명의 수송에 희생적 노력을 하였을뿐더러 구호금 오백(五百)만원과 군경민 경비의 오십(五十)여 명에 식사제공

까지 하여 동영업장 정광복(鄭光福)씨에게 요즘도 災民(재민)측의 감사가 모여오고 있다.

— 『부산일보』, 1952.07.17.

그러나 정작 주요했던 폭발 원인은 물론 좌동 주민의 피해 상황이나 복구대책에 대한 국내 신문 보도 기사는 찾아보기 힘들다. 좌동 탄약고 폭발사고는 호주의 한 일간지[Huge U.S. Ammunition Dump Explodes, 1952. 06.17]에 보도된 바 있는데, 이에 따르면 폭발사고로 한국인 1명과 미군 1명이 사망했고, 미군 2명이 실종, 28명이 다쳤다고 한다.

1952년 6월 16일 오전 10시 50분 해운대 현 신시가지 일대에 산재해 있던 미8군 탄약창에서 폭발사고가 발생했다. 이 폭발로 인해 한국인 1명과 미군 1명이 사망하고 미군 2명이 실종되었으며 28명이 부상을 당했다. 이 폭발사고로 탄약고 구역 $1.3km^2$가 완전히 무너지고 약 35km 떨어진 부산의 건물 유리창이 깨어지고 석고로 된 벽이 무너지기도 했다. 일부 포탄과 조명탄은 약 3.2km 떨어진 곳까지 날아갔다. 첫 폭발 이후 15분 만에 두 번째 폭발사고가 일어났으며 오후 4시 25분에 추가적인 폭발이 일어났다. 사고가 난 구역은 전선에서 사용할 수 없는 회수된 탄약을 보관하는 구역에서 발생했다. 해운대에 거주하는 약 3만 명의 주민들은 초

*가지붕에 화염에 휩싸이자 인근 마을 주민들과 함께 긴급 대피했
다.*

— 김미산(남, 1999) 제공

호주의 일간지에 보도된 내용을 통해 당시 폭발사고가 발생한
곳과 폭발과정 그리고 그 피해에 대해 대략 알 수 있으나. 당시 사
고가 발생했던 좌동 주민들의 피해에 대해서는 정확히 보도되지
않았다. 신문 기사에는 폭발사고로 한국인 1명이 사망한 것으로
나타나나, 당시 좌동에서는 새실에 거주했던 주민 3명이 사고로
사망했다. 또한 인명 피해뿐 아니라 재산피해도 상당했다고 한다.
사고 발생 시 좌동 사람들은 폭발 당시 아무런 준비 없이 속옷 차
림으로 뛰쳐나간 이들도 많았고, 달리 피난 갈 곳이 없어 노상에서
생활해야 했던 이도 있었다고 한다. 또한 사고 후 마을로 돌아왔어
도 사고로 집이 전소되어 살길이 막막했던 이들이 많았고, 식량이
없어 불에 탄 곡식으로 끼니를 대신했던 이들이 많았다고 한다. 그
러나 사고 피해자인 좌동 주민들에 대한 기록은 어디에도 남아있
지 않으며, 좌동 주민들에 대한 보상도 제대로 이루어지지 않았다.

새실에 거주하다 폭발사고로 사망한 이에 대한 당시 군부대의
보상은 전무했다. 단지 장례를 치를 비용 대신으로 안남미 3되와
단무지 한 상자를 보내왔다고 한다.

시부모님께서 논에서 일하시다가 탄약고가 폭발해서 도망갔는데, 시아버님께서 파편을 맞고 그 자리에서 돌아가셨습니다. 당시 만삭이었던 시어머니께서 피투성이가 된 시아버님을 안고 논두렁으로 걸어서 나오셨다 하더라고요. 시아버님께서 돌아가시고 초상을 치르는데, 그때 미군 부대에서 초상 치르라고 안남미 3되하고 단무지 한 통을 보내왔다고 합니다. 보상은 아무것도 없고 초상 치르라고 그것만 보냈다고 그래요.

— 강영숙(여, 1954)

탄약고 폭발사고 피해는 좌동 사람들이 감당해야 몫으로 남겨졌는데, 집이 전소되어 살기가 막막했던 이들에게 당시 미군 측에서 피해보상으로 보내온 것은 단지 나무 한 수레뿐이었다고 한다.

폭발사고 날 때 가족들이 친척집에 피해있다가 돌아와서 보니 집이 불에 다 타고 김만 모락모락 나고 있고, 먹을 것도 하나 없었어요. 미군들이 집 다 태우고 나니까, 보상으로 나무를 리어카로 하나 실어다 준 것밖에 없어요.

— 김재찬 (남, 1949)

또한 좌동 부녀자 5명이 산에서 나무를 하고 마을로 돌아오는 길에 미군의 군용차에 치여 사망하거나 중상을 입은 일이 발생하기도 했다. 그러나 당시 사고를 당한 좌동 사람들은 사고 경위에 대해서도 통보받지 못했을 뿐만 아니라 그에 따른 피해보상도 전혀 받지 못했다고 한다.

동백섬에 탄약 하역장과 탄약고가 들어서면서 인근의 해안마을에는 일자리를 찾아 피란민들이 몰려와 자연스럽게 피란민촌이 형성되었다. 그러나 좌동에는 피란민들이 잠시 머물렀던 적이 있을 뿐 피란민촌은 형성되지 않았다. 좌동은 탄약고가 설치되어 마을 전체가 군의 통제를 받았을 뿐 아니라 농사를 짓는 일 외는 달리 생계 수단이 없었기 때문이다.

여기는 피란민들이 별로 안 왔어요. 탄약고 들어섰으니까 들어올 곳도 없고, 여기는 농사짓는 것 말고는 먹고 살 방법이 없으니까 피란민들이 못 오는 겁니다. 그때 여기는 농사지을 땅도 부족해서 그 사람들이 와도 살기 힘들지. 피란민들은 송정하고 해운대 저쪽으로 많았습니다.

— 윤내순(여, 1935)

좌동 815번지 하천부지 속에 피란민이 몇몇이 잠시 머물다가 떠나긴 했습니다. 그 사람들이 마을에 오래 머물지는 않았고요. 여기서 그 사람들이 할 수 있는 일이 없으니까 다들 살길을 찾아 다른 곳으로 가는 거죠.

— 김재찬(남, 1949)

　한국전쟁기 해안 일대에 군부대가 들어서면서 주민들은 불편함을 감내해야 했지만, 한편으로는 그로 인해 새로운 일자리나 수입원을 얻을 수 있기도 했다. 그러나 탄약고라는 특수성으로 인해 좌동 사람들은 그로 인해 얻는 경제적 이득은 전무했다. 다만 마을 아이들이 탄피를 주워 엿으로 바꿔먹기도 하고 때때로 고물상에 팔아 용돈을 마련하기도 했다. 대신 해운대 일대에 피란민촌이 형성되면서, 당시 좌동 사람들은 피란민을 대상으로 장을 팔아 살림에 보태며 생활하기도 했다.

　여기서는 장을 담가서 그 사람들한테 많이 팔았어요. 장 담아서 채소하고 갖고 가면 피란민들 많이 사 먹고 했어요. 장이 있어야 밥을 먹을 수 있으니까 그 사람들이 형편이 어려워도 장은 사가거든요. 그 사람들이 어디서 장을 담을 수 있는 상황이 아니니까. 우리 시어머님께서도 탄약 폭발해서 집을 잃어 먹고 살기 힘들 때 피란민들한테 장을 팔아서 생활하셨어요. 우리 시어머니뿐만 아니라 여기 동네 사람들도 그렇게 했어요.

— 윤내순(여, 1935)

　좌동의 탄약고는 사라졌지만, 좌동과 송정을 이었던 도랑골의 송정옛길에는 한국전쟁때 조성된 폐 탄약고 부지가 일부 남아 있다.

위 : 송정옛길 기업쉼터로 이름 지어진 폐 탄약고 부지 입구
아래 : 송정옛길의 폐 탄약고 부지

전쟁이 끝나도 여전히 군사보호구역으로

한국전쟁이 휴전을 맞으면서 좌동의 탄약고는 철거되었지만, 여전히 군부대가 주둔해 좌동은 군사보호구역으로 남겨졌다. 한국전쟁이 발발하면서 좌동은 갇힌 마을이 되어 주민들은 신시가지가 조성되기 전까지 이를 감당하며 생활해야 했던 것이다. 좌동 주민을 비롯해 좌동을 오가는 이들은 통행증을 발급받아야 했다. 좌동에 논이 있어 농사를 짓기 위해 매일 오가야 했던 인근 마을 주민들은 1980년대에 이르러 신분증을 목에 걸고 다닐 수 있게 된 것을 다행이라 여기기도 했다.

좌동에 주둔한 군부대에서는 물이 좋기로 유명했던 폭포사 계곡물을 수도관으로 연결해 인근의 부대에서 사용할 수 있도록 했다. 그러나 정작 그곳의 주인인 좌동 사람들에게는 제공하지 않았다. 좌동 사람들은 이를 탓하지 않았지만, 날이 가물어 농사짓기가 힘들 때도 주민들의 삶을 외면해 물을 내어주지 않을 때는 이에 반발하기도 했다. 어느 해에는 농사를 지었던 좌동 사람들과 인근 마을 사람들이 곡갱이로 수도관을 뚫어 논에 물을 대기도 했다.

한편, 한국전쟁 후 재건기를 거쳐 사회가 안정되면서 좌동에는 군부대의 일을 맡거나, 군부대를 대상으로 일거리를 찾는 외지인들이 들어오기도 했다. 예컨대 군부대의 식당에 취업하거나 군부대의 배식을 위탁받은 이들도 있었고, 군복을 세탁하거나 수선하는 일을 하기 위해 찾아온 이들도 있었다. 이들 모두 마을에 정착하지 않았지만, 그들 중 일부는 그 일을 계기가 되어 좌동에 정착해 좌동 주민으로 함께 살아가기도 했다.

70년대에 경북 예천에서 좌동으로 왔습니다. 그때 여기에 오니까 여기저기 탄피가 가득하고, 길도 없고 곳곳에 돌이 굴러다니고 그랬어요. 와서 보니까 산골마을 같아서 처음에는 이런 곳이 다 있었나 했어요. 어떻게 살겠나 싶기도 했고.

그때 아시는 분이 좌동 군부대에서 식당을 운영했어요. 그분과 연줄이 닿아서 좌동에 와서 세탁소를 했어요. 군인들 군복 세탁하고 수선도 하고 군복도 만들었어요. 그때는 군복이 지금과 달라서 수선하거나 만드는 게 어렵지 않습니다. 세탁소 운영하다가 나중에 정미소도 인수하고 가게도 하고 돼지도 키우면서 돈을 벌면 좌동에 땅도 사고 집도 사고하면서 살았어요. 그때부터 지금까지 좌동에 살고 있고.

— 권왕희(여, 1942)

한국전쟁 후 좌동에는 탄약지원사령부 제1탄약창 제899부대와 제33보병사단 등을 비롯하여 관련 군부대가 들어섰으며 좌동 일대는 민간인의 출입을 금지하는 철조망이 둘러쳐져 있었고, 곳곳의 검문소에서 통행증 검문을 받아 마을을 오갈 수 있었다. 마을의 주인이었던 주민이 통행증을 발급받아야 하는 상황이었는데, 특히 군부대 안에 자리한 새실 주민은 군부대에 일이 있을 경우는 그 일

1960년대 좌동의 군부대와 새실마을 [좌동향토문화보존사업협회 사무실 내]

1960년대 좌동 동사무소 앞의 좌동 표지판 [좌동향토문화보존사업협회 사무실 내]

1970년대 좌동 내 설치된 군부대와 기반시설 [『사진으로 보는 해운대 백년사』]

이 끝나야 마을에 들어갈 수 있을 뿐 아니라 집 수리도 함부로 할 수 없어 몰래 시멘트나 블록을 마을로 들여와 집을 수리하곤 했다.

좌동에 주둔했던 군부대는 1993년 좌동에 신시가지가 조성되면서 이전했다. 그러나 좌동에 군부대가 주둔했던 흔적은 완전히 사라지지 않아 1996년과 1997년 신시가지 내 학교 신축공사장에서 박격포 포탄이 발견되기도 했다.

18일 오후3시께 해운대구 좌동 신시가지 신해고등학교 신축공

좌동의 제33보병사단 신병교육대와 탄약지원사령부 제1탄약장 제899 부대 안내 표지판
[좌동향토문화보존사업협회 사무실 내]

사장에서 굴착작업을 하던 조모씨(53,동구 좌천동)가 길이 30㎝, 너비12㎝, 무게15kg의 1백5㎜ 박격포탄을 발견해 군부대에 신고했다.

— 『부산일보』, 1996. 11.19.

5일 오후 3시 26분께 중1동 신시가지 내 신도중학교 울타리 건설 현장에서 뇌관과 신관이 제거되지 않은 81㎜ 박격포탄이 흙더미 속에 파묻혀 있는 것을 공사장인부가 발견해 경찰에 신고했다. 군은 발견장소가 군부대였던 점을 감안, 군부대 이전과정에서 유출된 것으로 보고 정확한 경위를 조사 중이다.

— 『부산일보』, 1997.03.06.

2. 한적했던 농촌, 농사짓고 돼지 키우고

좌동의 일상적 삶과 생활권역

장산 아래로 펼쳐진 들판을 장자벌, 구남평야 등으로도 부른다. 장자벌은 좌동 사람들의 주요 생산 기반이었을 뿐만 아니라 인근의 물편[해안] 마을인 미포, 청사포, 신기의 주요 생산 기반이기도 했다. 길이 따로 없었던 시절 중2동[청사포와 신기]에서는 소달구지를 몰고 고갯길을 넘어 새실로 와 농사를 지었고, 농사를 짓지 않고 조업으로 생계를 꾸렸던 이들은 고깃배가 들어오는 날이면 고갯길을 넘어 물고기를 가져와 곡식으로 바꾸어가기도 했다.

대천 옆 산책로. 대천 상류로 가는 길목마다 다양한 대천의 풍경이 펼쳐진다. [부경근대사료연구소 제공]

일제강점기 동해남부선 철로가 개설되어 해운대 일대가 관광지로 개발되었지만, 좌동은 이러한 시대적 변화에도 불구하고 여전히 농사로 생계를 꾸리는 농촌으로 남았고, 1970년대 산업화 정책으로 주변에 공장들이 들어서고 이주민들이 대거 유입되어 도시화되었을 때도 좌동은 여전히 장자벌을 지키며 농사를 지었다. 시대적 변화의 추이에도 빗겨나 있었던 좌동은 1990년대 신시가지가 조성될 때까지도 변함이 없어 오랫동안 도심 속 농촌으로 자리해 왔다.

좌동의 주 생산기반은 논농사와 밭농사였다. 이들 농사만으로는 생계를 꾸리기 쉽지 않았기에 1960년대 이전에는 산에서 나무를 해 장에 내다 팔았고, 1970년대 중반부터는 농사를 지으며 돼지도 키웠다.

좌동은 천수답으로 농수를 확보하는 일이 중요했기에 마을 곳곳에 저수지를 조성했고, 여느 마을과 같이 마을 주민들이 품앗이로 서로 일손을 도왔다. 마을 주민들 간 품앗이하는 날을 고정해 두었기에 농사를 접은 지 오래되었지만 지금도 좌동 주민은 자신의 논에 이웃들이 품앗이하러 왔던 날을 기억하고 있다.

좌동 주민은 일상적인 삶이었던 논농사와 관련해 특별한 기억은 가지고 있지 않다. 다만 한국전쟁 후 마을에 군부대가 주둔했던 시

1970년대 좌동의 항공사진 [부경근대사료연구소 제공]

1972년 좌동의 토지 이용도.좌동의 새실, 웃마실, 중간마실, 아랫마실의 주거지가 잘 나타나 있다. [부산근대사료연구소 제공]

1970년대 좌동의 집들과 돌담 [『사진으로 보는 해운대 백년사』]

절 새실에서는 농수를 조달하기 위해 군부대가 가설한 수도 사용
여부를 두고 대립했던 일이 회자되고 있다.

　가뭄이 심하면 군부대와 농수 문제로 대립하기도 했으나, 농번
기가 되면 군인들도 마을 사람들 돕기도 했는데, 마을에서는 참을
내어와 일손을 도우는 군인들을 대접했다.

　좌동 마을에는 나락을 도정하는 정미소가 있었다고 한다. 오래
전에는 마을에서 방아를 찧었을 것이나, 이를 기억할 수 있는 세대

90

가 생존해 있지 않아 알 수 없다. 1970년대 이전까지는 마을 주민이 정미소를 운영했다가 이후로 마을에 온 외지인이 이를 인수해 운영했던 것만 확인할 수 있을 뿐이다. 이 마을에서의 정미소 운영은 일명 도지쌀이라고 하여 나락을 맡길 때 일정한 양의 쌀을 도정해주는 것으로 계약하여 계약을 초과한 쌀은 정미소 주인이 소유하는 방식으로 운영되었다.

논농사와 달리 밭농사는 쉽지 않았다고 한다. 농토가 황토로 이루어져 있지 않고 돌이 많은 자갈밭이 대부분이었기 때문이다. 현재 좌동에 거주하는 좌동 사람들이 옛 생활을 기억하는 시기는 1950년대 이전으로 소급되지 않는다. 특히 과거 농사를 지었던 시절에 대한 기억이 그렇다. 이에 주목하면, 좌동에 자갈밭이 많았던 것이 원래의 모습인지, 한국전쟁기 탄약고가 들어서 농토가 황폐해졌기 때문인지는 알 수 없다. 그러나 오랜 기간 농토가 탄약고 부지로 사용되었고, 더욱이 대형 탄약고 폭발 사건도 있었던 점을 간과할 수는 없을 것 같다.

자갈밭을 일구어 채소나 과수를 재배하는 일은 쉽지 않았다고 한다. 밭을 개간하는 것이 문제라기보다 화학 비료가 나오지 않았던 시절에는 집집이 퇴비를 만들어야 했기 때문이다. 이에 밭농사나 과수를 재배하는 주민들은 퇴비를 만들 인분을 구하기 위해 밤으로 수레를 끌고 부산 시내 곳곳을 다녔다고 한다. 좋은 퇴비를

위 : 1970년대 좌동의 모심기 [『사진으로 보는 해운대 백년사』]
아래 : 1970년대 좌동의 벼 베기 [『사진으로 보는 해운대 백년사』]

만들기 위해서는 밑거름이 되는 인분이 좋아야 했기에 한때 이 마을에서는 그 시설 부촌으로 알려졌던 대신동을 자주 찾았다고 한다.

여기는 땅 밑에 자갈이 많아요. 땅이 황토가 아니고 자갈밭이니까 밭을 일구기에는 땅이 그다지 좋지는 않았어요. 그래서 비료 나오기 전에는 집집이 두엄 만들어서 밭에 뿌렸어요. 웅덩이를 파서 똥하고 물을 섞어서 삭힌 다음 윗물을 걷어 내고 씁니다.

동네에서 다 구할 수도 없고 하니까 다들 똥 푸러 부산 시내를 다녔어요. 여기서 똥 푸러 대신동까지 수레를 끌고 갔어요. 그때는 대신동이 부촌이었으니까, 잘먹고 잘사는 동네니까 영양도 많을 거라고 해서 그쪽으로 가는 겁니다. 영양이 좋으니까 그걸 가져와 쓰면 잘 부스러지지 않는다고, 다들 그쪽으로 많아 갔습니다.

낮에는 농사짓고 밤으로 수레를 끌고 가서 똥 퍼서 다시 걸어서 돌아오면 하루 내내 걸어서 다니는 겁니다. 그때는 부산천지 다 다녔습니다. 그렇게 안하고는 안 되니까. 그렇게 해서 보리에 두르면 영양이 공급되니까 숙였던 보리가 금방 일어나요.

— 윤내순(여, 1935)

1970년대 좌동에는 농사와 병행해 돼지사육을 시작했다. 농사만으로는 생활이 녹록하지 않았기 때문이다. 돼지사육을 하는 집이 늘어나면서 마을은 폐수로 파리가 들끓고 가축 냄새가 진동했으나, 수익성이 좋았기에 돼지사육을 병행했던 이들이 많았다고 한다. 그들 중 어떤 사람은 나락 도정 후 남는 찌꺼기로 돼지 먹이를 만들기도 하고 어떤 사람은 식사 후 남긴 잔반으로 돼지 먹이를 만들기도 했는데, 잔반으로 돼지 먹이를 만들었던 집에서는 수레를 끌고 해운대 일대를 돌며 잔반을 수거해 왔다고 한다.

일제강점기 동해남부선 철로가 개설되기 이전까지 좌동은 해운대에서 송정, 기장으로 넘어가는 길목으로 자리했다. 좌동과 송정과 해운대를 잇는 산길은 지금 송정 옛길로 복원되어 있다.

그런데 일제강점기인 1934년 동해남부선 철로가 개설된 이후로 이 산길은 길로서의 의미가 다소 퇴색되었다. 동해남부선 철로가 개설된 지역에서는 주로 철로를 이용했기 때문이다. 기차를 타지 않더라도 당시 철로는 육로를 대신하여 철로를 걸어 다녔던 사람들이 많았다.

동해남부선(東海南部線) 부산-해운대간의 일부 개통은 오는 십오일부터 일반영업을 개시할터인바 부산철도사무소에서는 오는 십일일 부산진- 해운대 이십구키로간 시운전하리라는데 철도각방면 신문사관계자 이백여병을 태워시승케 하리라하며 동십오일 개통식당일에는 동래읍 합동에서 대축하연이 잇으리라 한다.
— '동해남부선 부-해간개통 십일일시운전', 『조선일보』, 1934.07.10.

대중교통 수단이 발전하기 전 좌동에서는 산길을 통해 송정이나 기장으로 가 곡물과 채소를 팔기도 하였으나, 해운대가 발전된 이후로는 주로 해운대 시장으로 가 곡물과 채소를 팔았다. 즉, 좌동의 생활권은 해운대를 중심으로 수영과 광안리로 이어져 있었다.

해운대 시장은 좌동 사람들에게는 장사하는 곳이면서 동시에 생활에 필요한 물건을 구매하는 장터이기도 했다. 좌동에 생필품이나 음식물을 파는 가게가 들어선 시기는 오래되지 않았다. 1970년대 새마을 운동으로 마을 내 구판장이 생겼고 이와 더불어 외지에서 온 이들이 농사를 짓는 대신 가게를 열면서 마을 내에서 필요한 물건을 구매하는 것이 가능해졌다.

70년대 초에 좌동에 와서 세탁소도 하고 미니슈퍼라고 해서 가게도 열었어요. 그때 와서 보니까 마을에 담배만 파는 작은 점방[가게]만 하나 있었습니다. 다른 거는 안 팔고 담배만 팔았어요. 그래 있다가 가게를 열었습니다. 그때는 슈퍼라는 게 막 생기고 할 때라 미니슈퍼라 해서 이것저것 다 갖추고 팔았어요.

— 권왕희(여, 1942)

담뱃가게만 있었던 좌동에 미니슈퍼가 생겼다가 이후에는 김해상[일명 김해상회], 좌동상[일명 좌동상회]으로 불렀던 반찬거리를 장만할 수 있는 가게들도 생겼다. 좌동은 아이들은 모두 해운대

초등학교를 다녔다. 해운대초등학교의 전신은 해운대공립보통학교로 1937년에 개교했고, 해운대공립보통학교가 개교하기 전에는 이보다 앞서 1921년에 개교한 수영공립보통학교가 있었다. 좌동에서 아이들이 교육을 받기 위해서는 이들 두 학교에 다닐 수밖에 없었는데, 좌동에서는 거리가 가까운 해운대초등학교에 진학했다.

1970년대 이전에 초등학교에 다녔던 아이 중에는 가정 형편이 어려워 도시락을 싸다니지 못했던 아이들이 많았으나 좌동은 농사를 지었던 마을이기에 생활이 어려워도 도시락을 싸가지 않은 아이들이 없었다고 한다. 당시를 회상하는 좌동 사람들은 도시락을 싸가는 아이는 좌동밖에 없어, 도시락을 당시 학교에서 나눠주는 옥수수빵과 바꿔 먹기도 했다고 한다.

마을의 안녕과 번영을 기원했던 당산제

신시가지가 조성되기 전 좌동에는 마을신을 모시는 제당이 두 곳이었다. 한 곳은 중간마실, 아랫마실, 윗마실이 함께 제사를 모셨던 제당이고, 다른 하나는 새실마을에서 따로 제사를 모셨던 제당이다. 즉, 좌동의 4개 자연마을은 리 단위에서는 한 마을이나 신앙공동체 단위에서는 두 마을로 나뉜 셈이다. 새실이 독자적으로 마을신을 모시게 된 연유는 정확히 알 수 없으나, 아마도 새실의 지리적 위치가 다른 세 마을과 거리가 있고, 마을이 형성된 시기도 달랐기 때문일 것으로 짐작된다.

일반적으로 마을신앙에서는 마을 제사를 지내는 제당이 세 곳 또는 두 곳으로 이루어져 있다. 기본적으로는 마을의 안녕과 번영을 관장하는 동주신(洞主神)을 모시는 제당과 마을 어귀를 지키는 지킴이를 모시는 제당으로 이루어져 있다. 여기에 마을이 산 아래 위치한 곳에서는 산신을 모시는 제당을 따로 두기도 한다. 좌동의 경우는 본래 제당이 세 곳으로 마을 뒷산에 산신단과 제석당이 있었고 마을 입구가 되는 대천 인근에 당산나무를 대신하는 거릿대가 있었다가 이후 거릿대가 없어지면서 거릿대제는 중단되었다.

좌동에서는 동주신을 모시는 제당을 제석당이라고 불렀다. 제석당은 원래 마을에 있었다가 신시가지가 조성되면서 장산의 석태암과 폭포사 사이의 오른쪽 산기슭으로 이전됐다. 제석당에는 '장산산왕대신(萇山山王大神)'이라 쓴 위패와 신석(神石)을 봉안했다. 당산제를 지내는 날은 상산마고당제와 같이 음력 1월 3일과 6월 3일로 제사를 지낼 때는 섣달그믐에 마을 사람 중 부부가 함께 살고, 집안에 초상·출산·혼사 등 부정이 없고 깨끗한 이를 가려 제주를 선정해 제주가 마을을 대표해 제사를 지냈다. 좌동에서는 마을신에 대한 신앙심이 깊어 제사를 모시는 제주는 제사를 지내기 전은 물론 제사를 지낸 후에서도 그해 일 년 동안 부정을 가리고 근신했다.

제석당

제석당 내부

　제사를 지내는 순서는 산신제→제석당제→거릿대제 순으로 제사가 끝나면 마을 사람들이 함께 모여 음복했다. 이 마을에서는 음복을 달리 해반(解飯)이라고 하는데 집안에 부정이 있거나 우환이 있는 사람은 음복하지 않았다. 당산제를 지내는 방식은 시대에 따라 다소 변화되어, 과거 이 마을에서 제석당제를 지낼 때는 제주가 발을 구르며 큰 소리로 동주신을 호명하여 동주신이 제당에 좌정시킨 후 제사를 지냈다가 이후 일반 가정의 기제사 방식인 유교식 의례로 정착되었다.

시부모님 때부터 제주를 맡아서 당산제를 지냈고, 나는 시집와서 당산제를 지냈는데, 제주를 맡으면 부부라도 한 방에 못 자고, 초상집에도 못 가고 가리는 것이 많습니다. 화장실에 다녀오면 옷을 갈아입고 제사 지내기 전에는 목욕재계합니다. 그때는 옷이 많이 없으니 빨래를 해가면서 옷을 갈아입고 그랬습니다.

산신제는 제주만 가서 지내니까 그때는 제석당에 기다리고 있다가 산제를 마치고 제석당으로 내려오면 쇠옹에 밥을 지어서 제사를 지내는데, 우리 영감하고 같이 제사 지낼 때 보니까, 제석당에 제물을 차리고 나면 우리 영감이 고함을 치고 발도 세게 굴리고 "김씨 할매요! 자시러 내려오이소, 박씨 할배요! 자시러 내려오이소." 발로 굴리지 그냥 뭐 이래 부르는 것도 아니고 발로 굴리고 의령 김씨할매, 박씨 할배 둘이 부르더라고요. 그래 부르면 오신다 하더라고요. 그래 불러가지고 제사를 모시고. 제석당에서 제사 모시고 나면 거릿대에 대를 꼽아놓고 거기서 간단하게 제사 지내고 그랬습니다.

— 윤내순(여, 1935)

좌동 당산제는 신시가지 조성으로 한동안 당산제를 절에 위탁해 지내다가 1997년부터 다시 마을 토박이들이 조직한 좌동향토문화보존사업회에서 상산마고당제, 천제단제와 함께 산신제와 제석당제를 지내고 있다.

반면 새실에는 당산나무[소나무]와 규모가 작은 당집이 함께 있었다. 마을에서 지내는 당산제는 일찍이 단절되었지만, 뜻있는 마을 주민이 개별적으로 제사를 지내오다 신시가지 조성으로 당산나무가 아파트부지로 편입되면서 제사가 단절되었다.

새실 당산나무는 신시가지 조성 때 베어져 이제는 그 흔적을 찾아볼 수 없는데, 당시 인부가 당산나무를 베려 하자 큰 구렁이가 당산나무를 감고 있어 당일에 당산나무를 베지 못하고 인부가 술을 올려 구렁이를 다른 곳으로 옮겨 가도록 한 뒤 당산나무를 베었던 일이 있어 한동안 마을이 술렁거렸다. 우리 민속에 구렁이는 때로 집안의 재물을 지키는 지킴이로, 때로 산신의 화신 또는 사자로 여겨 신앙의 대상이 되기도 했기에, 새실 당산나무에 나타난 구렁이도 당산나무에 좌정한 마을신의 화신으로 간주했기 때문이다.

당시 마을에 떠돌았던 새실 당산나무와 구렁이 이야기는 신시가지 조성에 따른 이 마을 전통 민속문화의 변화를 암시하는 상징적인 사건이라 할 수 있다. 지금도 좌동 토박이들 사이에서는 이 이야기가 회자된다.

여기는[중간마을을 말함] 당산나무가 없었고 새실에는 당산나무가 있었어요. 그때 신시가지 조성할 때 당산나무를 베려고 포크레인이 왔어요. 기사가 포크레인으로 당산나무를 밀려고 하니까 당산나무에 커다란 구렁이가 나와서 당산나무를 감고 있었어요. 그러니까 그 기사가 당산나무인 줄 알고는 포크레인으로 나무를 밀

새실마을의 당산나무
[좌동향토문화보존사업회 사무실 내]

지 않고, 그 사람이 술 한잔을 올리고, 3일을 주겠으니 딴 데, 좋은 데로 자리를 잡아서 가시라 하고 했대요. 그러고는 3일 뒤에 가서 포크레인으로 당산나무를 밀었어요. 그 사람이 뭘 알았나 보지요. 그 나무는 새실 사람들이 술 올리고 정성 드리는 나문데, 함부로 베면 탈 나겠다고 생각한 겁니다. 그런 나무를 함부로 베면 큰일 나거든요.

— 윤내순(여, 1935)

새실마을이라고 올라가는 중간에 그기 소나무가 한 그루가 있었는데, 마을에 무슨 일이 있으면 나무에 띠를[금줄] 치고 때로는 사람들이 집에 무슨 일이 있으면 치성을 드리고 했다. 그 나무를 자를 사람이 없는 거라. 그 나무는 포크레인으로 묻어버렸어요. 자를 사람이 안 나타나서 그냥 묻었어요. 그제 재앙이 있다고 해서 그거는 그래서 묻혔고. 말로는 그때 그 나무를 묻을 때 뱀이 나타났다는 말은 들었다. 나는 직접 보지는 못했고. 흙을 가져다 덮었다는 말은 들었어요.

— 정민조(남, 1954)

이 외에도 마을에 전해지는 내용으로 오래된 나무를 함부로 벨 수 없어 인부들이 고사를 지낸 후 나무를 벤 이야기도 있다.

폭포사 올라가는데 그기도 나무가 이렇게 큰 게 있었어요. 옛날에는 마을마다 상여를 보관하는 생이집이 있었는데, 그 집 옆에 소나무가 있었어요. 그 나무는 여기 27개 건설사 들어왔다. 그때 그 건설사 사람들이 모여서 건설 장비를 거기다 놓고. 그기 옛날에는 저수지입니다. 저수지는 매입하고 그기에다 차를 진열해놓고 고사를 지내고 그 나무를 폭발시켰어요. 자를 사람이 없으니까.

— 김재찬(남, 1949)

틈새를 파고든 외지인과 가구공장들

좌동에 신시가지가 조성될 것이라는 말이 일찍이 떠돌면서 1980년대 좌동에는 작은 변화들이 생겨났다. 그중 하나는 외지인들이 좌동의 땅을 사들이기 시작한 것이다. 신시가지가 조성될 것이라 여겨 좌동 주민들은 조상 대대로 내려온 땅을 지켜냈지만, 경제적으로 어려움을 겪었던 주민들은 외지인들에게 땅을 팔았다. 이에 마을 사람 중에서는 외지인의 땅을 소작하며 생계를 꾸리는 이들도 생겨났다. 계획과 실현 사이에 있었던 공백기의 틈새를 외지인들이 파고든 것이다.

신도시가 들어선다는 말은 이전부터 있었는데, 실제로 들어서기까지 오래 걸렸습니다. 신도시가 들어선다는 말이 돌고 하니까 외지인들이 땅을 많이 샀어요. 부대 안의 땅은 평당 2, 3만 원 정도밖에 안 했을 때니까 외지인들이 많이 샀어요. 땅을 안 팔았던 사람도 있었지만, 생활이 어려운 사람들은 땅을 파는 겁니다. 그러니까 신도시 들어서기 전까지 땅 주인한테 땅을 빌려서 농사짓고 수확한 쌀 얼마를 주고 했던 사람도 많았어요.

— 강영숙(여, 1954)

신시가지 개발이 시작될 때는 그 전에 투기꾼들이 여기 땅을 많이 샀습니다. 그런 사람들은 보상을 많이 받았죠.

— 이부돌(남, 1957)

다른 하나는 1980년대 중반 외지인들이 마을에 들어와 가구공장을 운영하기 시작했다는 것이다. 당시는 맞춤 가구가 유행했던 시기로 그 흐름을 타고 가내공업으로 운영했던 가구공장들이 성행했다. 이들 가구공장은 현 좌동재래시장 건너편 아래의 아랫마실에 많이 있었는데, 이들 가구공장 사이로 오징어를 말리는 공장도 있었다.

한적했던 농촌이었던 좌동에 가내공업이 들어서기 시작한 것인데, 이들 공장은 신시가지가 건설되면서 모두 문을 닫았다.

80년대 중반에는 외지인들이 들어와서 운영하는 가구공장이 생겼어요. 새실에는 없었고, 아랫마실 쪽으로 가구공장이 많이 있었어요. 그때는 다 맞춤 가구를 했으니까 수요가 있었을 때니까 가구공장이 생긴 거죠. 그리고 오징어 말리는 공장도 있었고요. 그 사람들은 좌동에 신도시가 들어서면서 다 나갔어요. 그때부터는 붙박이장이 생겨 맞춤 가구를 많이 안 쓸 때기도 했고.

— 강영숙(여,1954)

3. 좌동의 또 다른 마을,
장산 산기슭에 형성된 장산마을

장산개척단과 장산마을

장산마을은 장산 해발 450m에 형성된 마을이다. 이곳에 마을이 들어서게 된 계기는 1963년[1962년이라고도 함] 퇴역군인들로 구성된 동래군 장산개척단[단장 이정희]이 원호청의 정착 대부금을 받이 이곳에 정착해 개간했기 때문이다.

한국전쟁 후 재건기인 1960년대에는 다양한 인적 구성원으로 조직된 개척단이 각 지역에서 산을 개간해 농토를 만들었다. 장산개척단도 이 시기 결성된 개척단 중 하나이나, 다른 개척단과 달리

새실마을의 당산나무 [좌동향토문화보존사업회 사무실 내]

장산개척단은 제대군인의 자활기반을 조성하는 데 그 목적이 있었
다. 이에 정부로부터 50여만 평 개간을 허가받아 장산에 자리 잡았
고 이후 일반인이 합류하면서 이곳에 마을이 형성되었다.

　당시 장산을 개간했던 개척단으로는 반송개척단도 있었다. 반송
개척단은 세계 기아해방운동 영국 런던 본부의 한국 파견관인 매
크라렌 여사가 결성한 조직으로, 기아해방본부로부터 지원을 받아
4,500평의 산지를 개간했다. 그러나 반송개척단은 이후 부산시 도
시정비사업으로 반송에 철거민들이 이주하게 되면서 해체되었다.

　장산의 대모, 장자벌의 여걸이라 불렸던 개척단의 단장 이정희
는 이시영 전 부통령의 증손녀이자 1960년에 작고한 항일 애국지
사 강근호의 부인으로 한국전쟁에 참여한 것을 계기로 장산개척단

106

을 이끄는 단장이 되었다. 이정희는 2008년에 별세했지만, 이정희가 머물렀던 모정원(母情苑)은 현재 현충 시설로 자리해 이곳에는 애국지사 강근호 선생 추모비가 세워져 있다.

장산으로 온 장산개척단은 농지를 개간하면서 1965년 미국으로부터 젖소 두 마리 기증받아 낙동을 하기도 했지만, 낙동은 중단되고 개간과 밭농사에 주력했다. 당시 장산개척단의 단원 수는 정확히 알 수 없으나, 초기 단원은 40여 명으로 알려져 있다.

장산개척단에 일반인이 합류한 시기는 1967년부터다. 이 시기 정부에서는 기존의 개간촉진법을 폐지하고 농경지조성법을 발의했다. 개간촉진법은 개간 시에는 사전에 농림부장관의 허가를 받도록 규정하는 법으로 개간 목적과 개간 후 작물에 대한 사전 승인이 요구되었다. 반면 농경지조성법은 관할지역의 허가만으로도 개간과 작물의 종류를 변경할 수 있도록 한 법으로 개간 관련 규정이 완화되었고 개간한 땅의 양도도 가능해졌다. 이에 일반인들도 개척단에 합류할 수 있었고, 작물 종류도 상황에 따라 자유롭게 선택할 수 있게 된 것이다.

현재 장산마을에는 초기 장산개척단 단원은 남아있지 않고 1967년에 장산개척단에 합류한 이만 남아있는데, 1967년 당시 장산에 잔류했던 개척단 단원은 10여 명가량이었다고 한다. 단원 상당수

위 : 장산개척단과 이정희 [모정원 제공]
아래 : 장산개척단을 이끈 이정희 [모정원 제공]

가 불하받은 땅을 다른 이에게 양도한 것인지는 정확히 알 수 없으나, 당시 불하받은 땅은 평당 2원 50전이었다고 한다.

장산마을은 1963년 개간을 시작으로 하여 1967년부터 무, 배추 등을 재배하면서 생산성을 높였고, 이에 따라 점차 일반인들이 합류하게 되면서 자연스럽게 마을이 형성되었다. 그 과정에 장산마을을 찾았던 이들은 돌집을 지어 머물면서 힘겹게 장산을 개간해 밭농사를 지었다. 당시 장산마을에서 재배한 무는 크고 맛이 좋기로 유명했다.

밭농사에서 목축업으로

장산마을 주민들은 1980년대 이전까지는 밭농사가 유일한 생산 기반이 되었다. 마을에서 재배한 무가 특히 인기가 좋았기에 주부들은 마을에서 재배한 무를 머리에 이고 해운대 시장이나 진시장으로 가 판매해 생계를 꾸렸다. 그러나 수입원이 적었기에 생활에 어려움이 많았다.

그러다 1980년대에 목축업을 시작하면서부터 장산마을 사람들의 생활은 한결 나아졌다. 장산마을은 목축업을 하기에 최적의 지리적 조건과 자연환경을 갖췄던 곳이었고, 영남제분을 비롯해 우유 생산 공장들과의 계약으로 안정된 유통망을 확보했기 때문이

1990년대 장산마을 입구에서 기념사진을 찍은 장산주민들 [최옥임 제공]

다. 당시 장산마을에서는 27가구가 목축업에 종사해, 장산마을은 거대한 목장을 형성하게 되었다.

 장산마을의 목축업은 성공을 거두어 점차 그 규모가 커졌는데, 좌동에 신도시가 들어서면서 농장 폐수처리를 문제 삼아 민원이 제기되어 1998년에 주민 모두 목축업을 접어야 했다.

위 : 장산마을 내 돌밭과 농지 [모정원 제공]
아래 : 장산마을 [모정원 제공]

위 : 집집이 젖소를 키운 장산마을 [최옥임 제공]
아래 : 전우양의 목장 [전우양 제공]

112

　부산 해운대구 좌동 장산마을 일부 주민들이 축산폐수를 수년동 안 방출하는 바람에 해운대 신시가지 주민들이 식수원으로 사용하 는 폭포사 일대 지하수까지 오염될 우려가 있는가 하면 나무를 마 구 베어버리는 바람에 장산의 황폐화도 가속화되고 있으나 구청이 단속을 외면하고 있다.

　17일 부산 해운대구청에 따르면 해운대구 좌동 산1175일대 그 린벨트 지역인 속칭 장산마을의 일부 축산 농가가 폐수 정화시설 도 갖추지 않은 채 축산폐수를 수년째 흘러보내 신시가지를 관통 하는 춘천천의 오염이 심화되고 있다는 것

— 『부산일보』, 1996.10.17.

　농장 폐수가 춘천을 오염시킨다는 민원과 그에 따른 관할 구청 의 단속과 규제로 장산마을 사람들은 목축업을 접게 되었는데, 장 산마을에서는 폐수를 처리하는 정화조 시설 공사를 했기에 주민들 은 당시 이러한 여론과 규제에 대해 아쉬움이 많다.

　구청에서 단속이 나오는 겁니다. 시설 때문에. 그런데 시설을 여 기에 할 수가 없거든요. 왜냐면 여기는 건물을 지을 수가 없어요. 그래서 그때 다른 시설은 못 해도 정화조는 한다. 축사에서 나오는 폐물을 갖다가 정화조로 넣자. 구청에서는 융자를 해줘서 대형 정 화조를 묻었습니다. 축사에서 나오는 거는 전부 거기로 들어가도 록. 정화조에서 3번 거르게 되어 있어요. 3번 거르게 되면은 아주

113

현재 장산마을은 30가구가 살고 있다. 그런데 장산마을 원주민들의 수는 많지 않다. 생활기반시설도 없고, 집수리에 대한 규제가 심해 마을을 떠난 이들이 많기 때문이다. 그 빈자리를 외지인들이 들어와 채웠지만, 실제 마을에 항시적으로 거주하지 않는 이들이 많다. 장산마을은 도심 속에서 자연을 즐길 수 있는 곳이기는 하지만, 이제는 달리 소득원이 없고 거주 환경 역시 아직은 열악하기 때문이다.

1998년 목축업을 접으면서 마을 주민들은 등산객 대상으로 음식점을 운영하여 생계를 꾸렸지만, 점차 찾은 이가 적어지면서 음식점 문을 닫은 이들이 많다. 현재 이 마을에서는 6집이 등산객을 대상으로 음식점을 운영하고 있다.

그런데, 장산마을 주민이 등산객을 상대로 연 음식점은 법적 보호를 받지 못하는 사각지대에 놓여 있어 안정적인 생산 기반으로 자리 잡지는 못하고 있다. 장산마을 사람들이 마을을 떠나고 외지

위 : 장산마을 내 음식점
아래 : 장산마을 내 음식점 내부

인들이 정착하지 못해 마을이 예전 같지 않게 된 이유는, 규제로 노후된 집을 개축하거나 수리하기 힘들고, 생활기반시설을 갖추지 못해 생활하기 힘들기 때문이다. 이에 장산마을 사람들은 시대의 변화에 맞게 장산마을이 특화된 마을로 거듭날 수 있도록 기존의 규제를 해제해주거나, 아니면 마을 주민이 함께 안정된 생활을 할 수 있도록 집단 이주촌을 마련해주길 바라고 있다.

아랫마을과 윗마을, 장산마을의 공동체문화

장산개척단이 정착한 이후로 일반인들도 장산을 찾아 정착하면서 자연스럽게 장산마을이 형성되었다. 이후 장산마을은 장산개척단에 합류한 이들이 정착하면서 형성된 마을인 아랫마을과 이와 무관하게 장산의 땅을 불하받아 정착한 이들이 일군 윗마을로 나뉘었는데, 윗마을에는 피란민 출신으로 부산에 정착해 살다 장산으로 들어온 이들이 많았다.

이들 두 마을은 장산마을 주민으로 공동체를 이루어 함께 더불어 살며 상부상조했지만, 마을마다 각기 고유한 문화도 있었다. 대표적인 사례는 마을제사로 이들 두 마을은 각기 마을의 안녕과 번영을 기원하며 마을 제사를 지냈다. 윗마을의 마을제사에 대해서는 알 수 없으나, 아랫마을에서는 1980년대 이전까지 매해 정월대보름이면 마을의 안녕과 번영을 기원하며 마을에서 마주보이는 구곡산 아래에서 산신제[산제]를 지냈고 지신밟기를 했다. 장산마을에서 마을 제사를 지냈던 구곡산은 장산 줄기의 구곡산으로 기장의 구곡산과 다르다.

1년에 한 번씩 산제를 지냈지요. 산제를 지냈는데 1980년대 지나니까 마을에서 산제를 안 지내더라고요. 산제는 여기 아홉산이 있습니다. 구곡산이라고 그럽니다. 구곡산. 여기서는 모르는데 저 뒤에 가서 보면 그 산이 골이 9개로 되어 있어요. 그래서 구곡산이라고 합니다. 산제는 우리 아랫마을에서만 지내고 윗마을에서는

윗마을대로 따로 지냈습니다. 산제 지낼 때는 제당이 따로 없고 구곡산 산 밑에 가서 제사 지낸 곳 주변에 풀 깎고 그기에 제물을 차려서 제사를 지냅니다. 마을이 평안하고 주민들 건강하게 잘 지낼 수 있도록 비는 겁니다. 제사 끝나고 나면 그날 마을에서 쇠치고 해서 지신밟기를 합니다. 그때 우리 동네에 쇠 잘치는 사람이 몇 명 있었어요.

— 전우양 (남, 1935)

사진 뒤 산이 장산마을에서 바라본 구곡산이다. [최옥임 제공]

장산마을의 아랫마을과 윗마을 주민들은 장산계를 조직해 주민들의 경조사 경비를 지원하고 일손도 서로 도우며 때때로 나들이로 친목을 도모하며 함께 더불어 살았다.

한 20년 전까지 우리 마을에 장산계가 있었어요. 매달 모여서 같이 점심 먹고 회의하고 했는데, 사람들이 다 세상을 떠났습니다. 이후에 마을에 들어온 사람들이 계에 가입했으면 계가 유지되었을 텐데, 그 사람들이 계에 관심이 없고, 계에 들어오지 않다 보니 자연스럽게 계가 없어졌습니다.

계원 집에 혼사가 있으면 계에서 30만 원씩 줬어요. 20년 전만 해도 30만 원이면 적은 돈이 아닙니다. 초상이 나도 부조하고 그랬죠. 이전에 초상이 나면 장산계 계원들이 나무로 상여를 만들어 함께 상여를 메고 장례를 치른 다음에는 상여를 불에 태우고 그랬어요. 초상이 나면 그때그때 계에서 상여를 만들었어요. 그리고 봄, 가을로 계원들이 한 번씩 놀러도 가고.

— 전우양(남, 1935)

지금은 시행하지 않아 기억에서 멀어졌지만 1967년 반상회(班常會)가 시작된 이후 한동안 반상회는 각 반 단위에서 의무적으로 시행되었다. 장산마을은 아랫마을이 1반, 윗마을이 2반으로 두 개의 반으로 나뉘었으나, 반상회를 할 때는 두 마을이 함께했고, 이날은 마을 잔치가 되었다고 한다. 주거지가 밀집되어 있지 않고,

좌 : 눈밭에서 뛰노는 장산마을 아이 [최옥임 제공] │ 우 : 장산마을 주민들 [최옥임 제공]

두 마을 간 거리도 있었기에 모두 모이는 반상회가 이 마을에서는 특별한 의미가 있었던 것이다.

그뿐 아니라 장산마을에서는 때때로 이웃한 부대원들과 친선 체육대회를 열기도 했다. 장산마을 사람들이 평소 도움을 많이 준 부대원들에 대한 감사의 뜻으로 이날 돼지도 잡고 음식도 마련해 부대원들과 하루를 즐기며 친목을 도모한 것이다.

장산마을 아이들은 해운대초등학교에 진학하는데, 장산마을에서 학교까지 가려면 1시간 이상을 걸어가야 했다. 그 사정을 알기에 부대에서는 부대 출퇴근 통근버스에 아이들을 태워주기도 했고, 마을 주민도 태워주기도 했다. 또한 때때로 응급환자나 응급한 일이 있어 부대에 협조 요청하면 부대에서는 이를 마다하지 않고 도움을 주었기에 마을에서는 체육대회를 통해 감사의 마음을 전하면서, 장산 정상 부근에 주둔한 공군 부대와 장산에 사는 장산마을은 그들 나름의 공동체문화를 일구어내기도 했다.

장산마을의 돌집, 1985년에야 켜진 전깃불

장산개척단이 장산으로 들어왔던 시기부터 지금까지 장산마을의 가옥은 돌을 쌓아 만든 돌집이다. 초기에는 돌담 벽면에 억새로 이엉을 엮어 지붕으로 썼다가 1970년대 이후 석면 슬레이트 지붕으로 변화되었다.

주변의 돌로 지었던 돌집은 돌과 돌 사이를 황토로 마감했는데, 보수하면서 시멘트로 마감한 집이 많다. 그러나 아직도 일부 가옥에는 황토로 마감한 형태가 남아있다. 지금도 변함없이 장산마을 주민들이 돌집에 사는 이유는 마을이 군사보호지역으로 지정되어 재건축은 물론 집수리를 마음대로 할 수 없기 때문이다. 석면 슬레이트는 유해 성분이 많은 건축 자재로 관에서 지붕을 교체하도록 허용했으나, 마을의 미래가 불투명하기에 주민들이 교체할 엄두를 내지 못하는 경우가 많기에 지금도 엣 돌집의 흔적이 곳곳에 남아 있다. 부산에서는 찾아보기 힘든 장산마을의 돌집은 부산의 생활문화 역사에서 그 의미가 남다른데, 아직은 이에 대한 지역사회의 관심이 적은 실정이다.

장산마을의 돌집 돌을 쌓아 황토로 마감한 돌집

장산마을은 생활기반시설이 조성되어 있지 않은 마을이다. 지금도 이 마을에는 수도는 물론 도시가스도 들어오지 않아 도심 속 오지로 남겨져 있다. 그나마 장산마을에 전기가 들어온 시기는 1985년도로 이전까지 마을에서는 호롱불로 생활했다.

호롱불 생활, 해운대 좌동 장산마을 형성 20년… 전기 없어
海雲臺구 佐 3통 세칭 장산(萇山)마을에 사는 31세대 주민들은 마을이 형성된 지 20년이 지나도록 호롱불생활을 하고 있다며 하루빨리 전기 혜택을 받을 수 있도록 해 달라고 관계당국에 건의하고 있다.

장산마을의 돌집 돌을 쌓아 황토로 마감한 돌집

葦山마을은 葦山기슭 해발 2백m지점에 자리잡고 있는 고지대 마을로 지난 62년부터 재향군인들의 생활지로 개간되기 시작, 지금은 일반인만 31세대가 목축업과 채소 재배를 하며 살고 있다. 그러나 지금까지 전기가 들어오지않아 불편한 생활을 하고 있다.

주민들은 스스로의 힘으로 전기를 끌어들이기 위해 2년전 韓電측과 협의를 가졌으나 전주값 등 2천만원의 공사비를 부담하기가 어려워 손을 떼고 말았다한다.

—『부산일보』, 1980.12.15.

122

마을 주민의 노력 끝에 마침내 마을에 전신주를 세우게 된 날을
마을 주민들은 지금도 잊지 못하는데, 이날 마을에서는 전신주 개
설에 도움을 준 군 관계자들을 초청해 전기 점화식을 개최하여 기
념하고 군 관계자에게 감사패를 전달했다. 그리고 마을 주민들은
전기가 잘 들어오기를 기원하면 전신주 앞에 고사상을 차려놓고
소담하게 고사도 지냈다.

장산마을 전기 점화식 [전우양 제공]

장산마을 전기 점화식 행사 [전우양 제공]

장산마을 전기 전화식 때 전신주에 고사 지내는 마을 주민 [전우양 제공]

위 : 장산마을 전기 점화식에 참석한 군부대 관계자 [전우양 제공]
아래 : 전기 점화식 후 군부대 관계자를 배웅하는 장산마을 사람들 [전우양 제공]

장산마을이 떠들썩했던 그린파인

2021년 공군 기지의 장산 해발 520m에 탐지거리가 900㎢에 이르는 고성능 탄도탄 조기경보 레이더[슈퍼 그린파인 블록C]를 배치하면서 장산마을 입구에서는 일대 소란이 일어났다. 장산마을 주민들을 비롯해 정당, 시민단체들이 이를 반대하기 위해 시위를 했기 때문이다. 그러나 시위대가 도착하기 전인 2021년 12월 7일 오전 6시에 레이더는 기습적으로 반입되었고, 시위대는 미신고 집회로 일부 시위자들이 경찰에 연행되면서 해체되었다.

그린파인 배치 결정은 비단 장산마을의 문제가 아니라 부산 전역의 문제로 확대되어 시민단체에서 '주민 생명 위협하는 장산 레이더기지 설치반대 대책위원회'를 발족해 조직적으로 반발했다. 이유는 전자파로 인한 피해에 대한 우려였다.

'주민 생명 위협하는 장산 레이더기지 설치 반대 대책위원회(이하 대책위)는 지난 27일 해운대구 장산 억새밭에서 출범식을 개최했다. 대책위는 장산마을대책위원회 해운대구주민대회 조직위원회, 진보당해운대구기장군위원회 등 부산지역 17개 단체로 구성됐다.

— 『부산일보』, 2021.11.28.

시민단체의 반발로 사회적 문제로 제기되었던 장산 그린파인 배치 문제는 관계기관에서 전자파 피해 여부를 확인하는 공개 실험을 열고 향후 전자파 추적을 약속하면서 마무리되었고, 장산마을에서는 마을 입구 도로를 포장을 약속받으면서 이 문제가 일단락되었다.

장산 레이더 설치에 정지와 주민 우려가 예상되는 6개 지점(장산 정상, 인근등산로, 장산마을, 반송지역 2곳, 좌동지역)간의 거리와 고도를 미리 측정해 타 지역 그린파인레이더 기지 방문 시 유사 지점에서 실제 전자파를 측정할 계획이다.

—『부산일보』, 2021.09.13.

4. 신시가지가 조성된 좌동

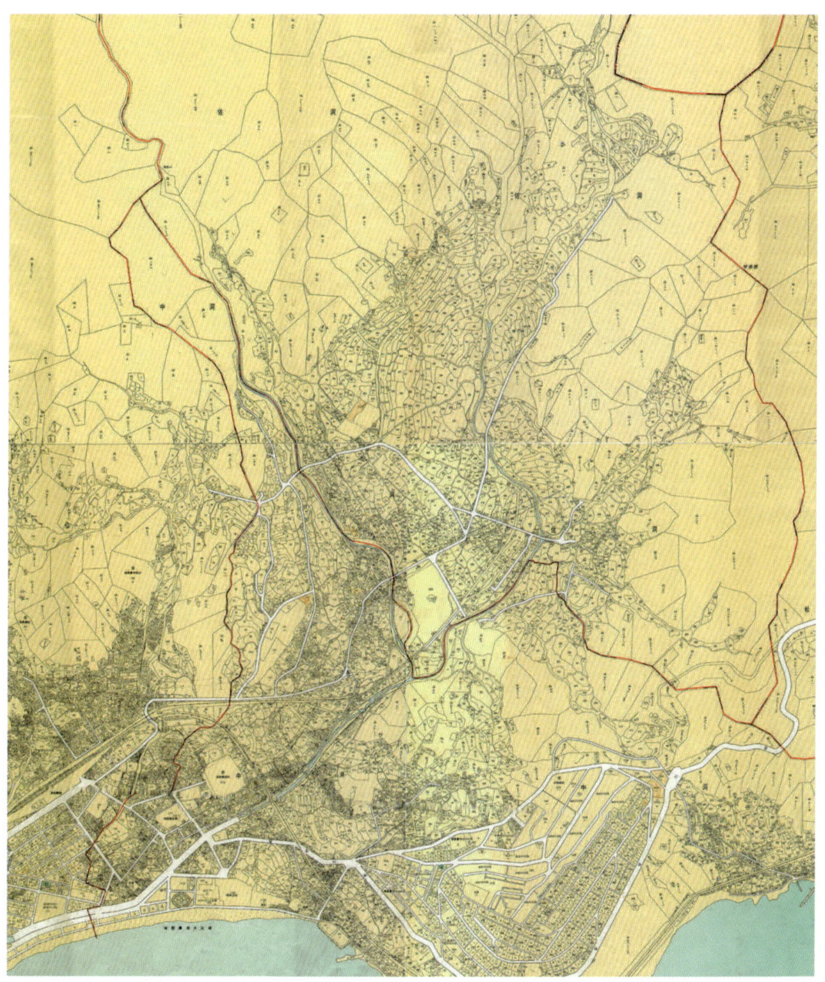

1985년 좌동 지번 지도 [부경근대사료연구소 제공]

1988년 신시가지가 조성된 좌동의 모습 [부경근대사료연구소]

1995년 좌동 항공사진. 신시가지가 조성된 후의 좌동 모습을 볼 수 있다. [부경근대사료연구소 제공]

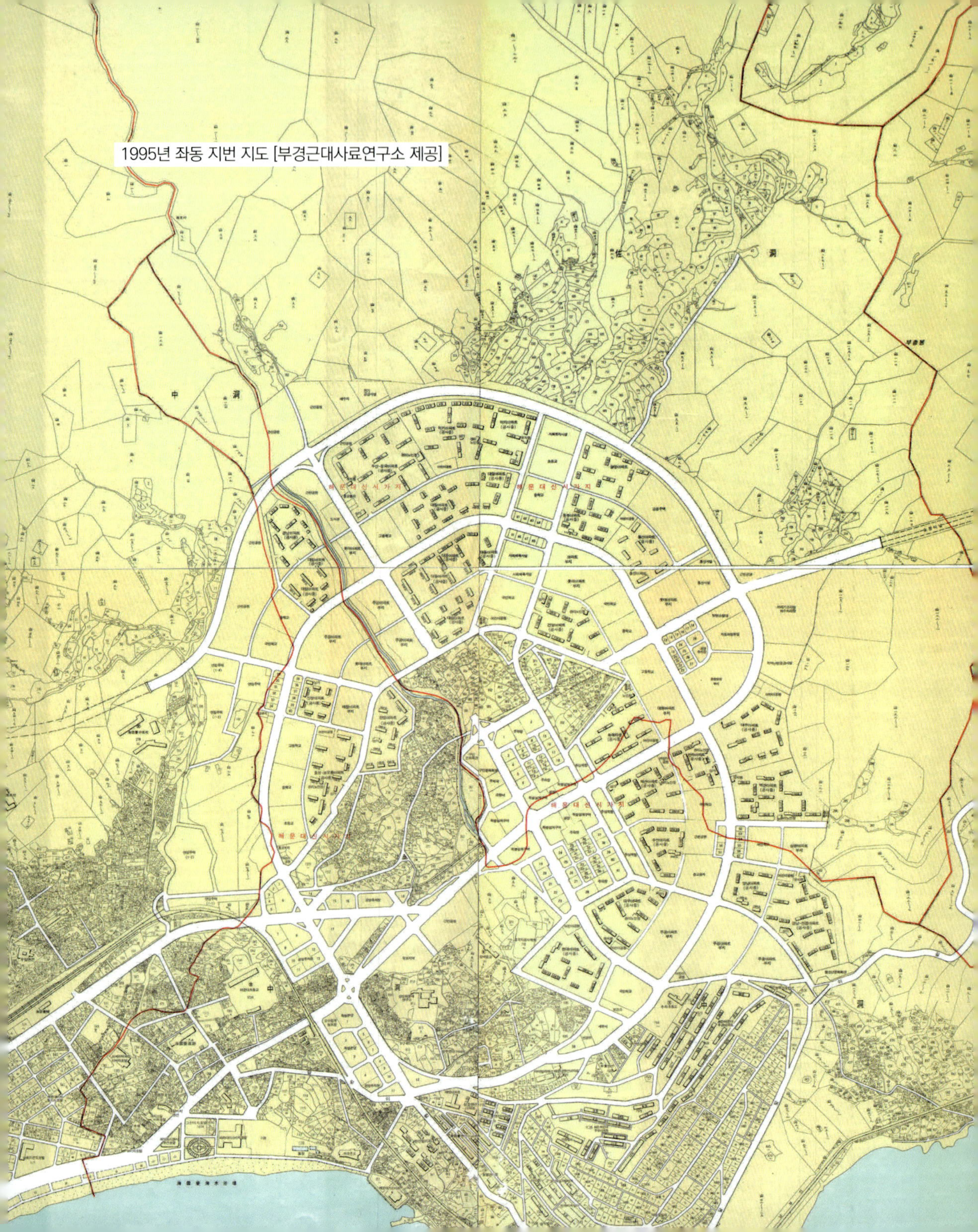

1995년 좌동 지번 지도 [부경근대사료연구소 제공]

1992년 9월 24일 『부산일보』 [부경근대사료연구소 제공]

좌동에 찾아온 변화

1990년대 좌동은 도심 속 농촌 마을에서 부산 최초의 계획도시인 신도시로 탈바꿈했다. 부산시의 주택정책에 따라 좌동 10.1㎢ 부지에 인구 12만 명을 수용하기 위한 신도시가 건립된 것이다. 당시 신도시는 내부 순환 체계의 교통망이 조성되고 소각 폐열을 활용한 지역난방 기반시설까지 갖추면서 명실공히 꿈의 도시로 부상했다.

신도시건설 계획이 마무리되었던 시점인 1992년에 보도된 관련 신문 기사에 따르면, 신도시 건설에 투자된 금액은 물로 건설 규모가 상당했음을 알 수 있다.

― 『부산일보』, 1992.09.24.

1992년 기공식을 시작으로 본격화된 신도시 추진 계획은 1996년부터 입주가 시작되면서 그 모습을 서서히 세상에 드러내기 시작했고, 이후로 도시철도 2호선, 부산 울산을 잇는 고속 우회도로,

해운대 신도시 [해운대구 미디어센터]

동해남부선 철도 등이 추가되고, 문화시설과 교육인프라를 갖추면서는 부산의 강남이란 별칭을 얻기도 했다.

그러나 신도시가 조성되는 과정은 그 다시 순탄하지 않았다. 건설 초기 좌동 주민과 보상 문제가 난제로 부각 되었기 때문이다. 이는 1992년 9월 22일 대천저수지에서 거행될 신시가지 건설 기공식을 좌동 주민들이 저지했던 일을 통해서 그 일면을 엿볼 수 있다.

해운대 신시가지 건설사업 지역에 편입되는 해운대구 좌동 주민들이 22일의 신시가지 건설 기공식을 앞두고 지가 현실 보상 및 아파트 분양권 등을 요구하며 20일 오전 11시부터 기공식장 예정지인 해운대구 중1동 대천저수지 앞에서 6시간여 집단농성을 벌였다. 더욱이 이들은 또 기공식 날 행사장 진입로 차단 식장 검거 등을 계획, 주민과 당국의 심한 마찰이 우려된다.

좌동편입지역 주민들 중 보상가에 이의를 제기, 재신청을 낸 이 일대 지주 60여 명은 지가의 현시가 보상 및 70평의 대토를 요구하고 있다. 또 세입자 2백여 명은 신시가지 내 25평 아파트 사전 분양권 등을 요구하고 있다. 이들은 시공청인 부산시 종합건설본부측이 이같은 요구를 받아들이지 않을 경우 기공식을 계기로 대규모 집단행동에 나서겠다고 밝혔다.

— 『부산일보』, 1992.09.09.

초기 보상 문제로 빚어진 갈등은 봉합되었지만, 이후로 상업단지로 개발될 예정이었던 지역이 개발을 중단하는 제척지[개발 제외 구역, 약 15만 평 규모]로 남겨지면서 제척지에 거주했던 좌동 토박이[원주민]는 공사 기간 내내 큰 어려움을 겪어야 했다.

신도시 조성 공사가 시작되면서는 제척지에 거주했던 좌동 주민들은 도로를 조성하지 않고 건설 공사가 이루어져 흙먼지 속에서 생활해야 했고, 비가 오면 마을 전체가 흙탕길이 되기 일쑤였다.

제척지에 살았던 사람들은 고생 많았습니다. 공사를 하려면 길을 먼저 내놓고 공사하는 차들이 다녀야 하는데, 길을 안 내고 흙길을 다니니까 동네가 흙투성이였어요. 먼지가 얼마나 나는지 몰라요. 생활하는데 너무 힘들었죠.

— 강영숙(여, 1954)

5번 하고 100번 버스가 다녔는데 아스팔트도 없었어요. 도로도 제대로 없고 다 흙길이니까. 공사하는 차가 다니고 하니까 사람들이 흙먼지 속에 살았습니다. 그때 제가 청년회 활동할 때거든요. 청년회 기금으로 물차를 구해서 곳곳에 물을 뿌리고 그랬습니다.

당시는 마을 주민들이 농사만 짓고 살았으니까 보상을 받는 길도 잘 몰랐어요. 지금 같으면 체계적으로 대응해서 보상도 요구하고 그랬을 것 같은데, 그때는 사람들이 순박하다 보니까 그냥 그렇게 견디며 사는 거죠.

— 이부돌(남, 1954)

그뿐 아니라 신도시가 조성된 뒤에도 생활기반시설 조성 시에도 제척지는 배제되어 도심 속 오지로 남겨졌고, 좌동의 본래 주인이 었던 주민들은 불편함을 감내해야 했다.

제척지가 말 그대로 개발이 안 되니까 지저분하잖아요. 개발이 안 되고 그러니까. 주민들의 불만이 많았죠. 굴러온 돌이 박힌 돌 을 빼내는 격이니까요.

그래서 주민들이 개선해달라고 부산시에 민원을 많이 넣었습니 다. 예를 들어 하수라든지 무슨 도시가스라든지 이게 다 들어와야 되는데 제척지는 빼버리거든요. 그러니까 제척지에 사는 좌동 원 주민들은 주변이 그렇게 개발되고 옛날에 그대로 사는 거예요. 그 게 얼마나 불편하겠어요? 주민들 땅을 다 빼앗아 신도시를 지었는 데, 생활 기반 시설할 때는 제척지만 배제하는 거예요. 그러니까 그기는 도시가스가 들어와도 여기는 위험하게 가스통을 놓고 살아

신시가지 조성 당시 제척지였던 지역에는 지금도 옛 좌동의 모습이 일부 남아있다.

야 하고 정화조를 만들어도 제척지는 연결을 안 시켜주니까 살기
가 어떻겠어요? 그래서 사람들이 항의하고 그랬죠.

— 송귀동(남, 1956)

생활기반시설이 조성되지 않아 제척지는 도심 속의 오지, 도시
의 경관을 해치는 슬럼가로 간주되었지만, 결과적으로는 좌동 사
람들이 삶이 지속될 수 있었던 공간이 되었고, 이후로 자유롭게 개
발되면서 획일화된 신도시에 새로운 활력을 불어넣은 공간이 되
었다. 좌동 사람 들이 신도시 건설 후에도 서로 결속되어 그들만의
공동체를 형성하여 마을의 전통문화를 계승할 수 있게 된 데는 좌
동 사람들이 제척지를 지켜냈기 때문이다.

대동에서 분동으로

초기 신시가지는 전국에서 유일하게 대동제(大洞制)가 실시되
어, 신시가지 전체가 하나의 동으로 운영되었다. 당시 신문 기사에
따르면 원래 신시가지는 7개 동으로 나뉠 계획이었으나, 예산 부
족과 행정의 효율성을 고려해 대동제로 바꾸게 되었다고 한다.

당초 7개소의 동사무소를 설치키로 했으나 예산상 이유와 행정
업무 효율을 위해 신시가지 전체를 1개의 동으로 묶는 대동제(大
洞制)로 바꿔 추진하고 있다.

— 『부산일보』, 1997.03.22.

2023년 해운대구 좌동 지도 [부경근대사료연구소 제공]

대동제로 운영되었던 신시가지는 주민들의 반대에도 불구하고, 2003년 5월에 해운대구의회에서 분동 개정안이 통과하면서 2003년 12월 31일 자로 4개 동으로 분동 되었다.

구의회 상임위 찬성 6표 반대 1표. 통과 일부 주민들의 거센 반대로 논란을 빚어오던 해운대구 좌동 분동이 최종 확정돼 본격적인 시행에 들어갈 전망이다. 해운대구 의회는 28일 오후 제116회 임시회 본회의를 열고 입법예고를 거쳐 구청이 제출한 분동 최종안에 대한 최종 승인 여부를 결정한다. -중략- 이에 앞선 27일 열린 구의회 기획총무위원회에서는 2시간여에 걸친 토론 끝에 찬성 6표, 반대 1표로 개정안이 상임위원회를 통과해 이날 본회의에 상정됐다. -중략-

최종안에 따르면 각 동은 대로를 기준으로 나눴지만 좌1동과 좌4동의 경우 중간 순환도로를 기준으로 경계를 결정했다. 이에 따라 3만5천800여 명이 살고 있는 좌2동이 가장 많은 주민을 갖게 되며, 좌4동이 2만8천500여 명, 좌1동과 좌3동이 각각 1만8천여 명의 인구를 갖게 된다.

— 『부산일보』, 2003.05.28.

2025년 기준 좌1동, 좌2동, 좌3동 좌4동 등 4개 동의 면적, 통/반, 세대수, 인구수는 아래 표와 같다. 4개 동 중 면적이 가장 넓은 동은 좌4동이며, 세대수와 인구수가 가장 많은 각 동은 좌2동이다.

	좌1동	좌2동	좌3동	좌4동
면적	0.73㎢,	1.44㎢,	0.79㎢.	6.35㎢,
통/반	14/151	23/301	13/160	12/197
세대수	7,732세대	13,737세대	6,332세대	8,516세대
인구수	17,620명	32,877명	14,955명	23,436명

좌1동은 신시가지 조성 당시 개발이 배제되었던 제척지가 포함되어 있기에 과거 좌동의 모습이 남아있을 뿐만 아니라, 제척지에 거주하고 있는 좌동 주민을 중심으로 좌동 토박이의 공동체문화가 지속되고 있다. 그리하여 좌1동으로 편입되었던 옛 좌동 마을을 달리 본동이라 부르기도 한다.

좌1동은 교통과 상업의 중심지이자 문화의 중심지로, 덕송재, 좌동재래시장, 농협중앙회, 해운대문화회관, 영화관 등 신도시의 중추적인 생활권을 형성하고 있는 곳으로 신도시의 중심부라 할 수 있다. 그러면서 좌1동은 주변 지역과 달리 건물이 획일화되어 있지 않아 다양한 도시 경관을 갖추고 있고, 그 틈새에 옛 좌동의 흔적과 좌동 사람들의 공동체문화를 간직하고 있는 특색이 있다. 대형 아파트단지가 갖는 획일화되고 단조로운 경관 속에서 좌1동의 다채로운 건물과 길은 좌동 신도시의 도시 경관에 활력을 불어넣는 매력적인 공간으로 자리하고 있다.

좌2동은 12개 대단지 아파트와 오피스텔이 밀집한 주거단지로, 어린이집 유치원 초등학교 중학교, 대형학원 교육시설, 공원(7곳), 좌2동 문화센터, 영화관, 공원 산책로 등 주민 편의시설을 두루 갖추고 있다. 교육환경을 잘 갖춘 좌2동에서는 '송정 옛길 사랑 캠페인'을 펼쳐 지역의 역사에 대한 관심을 고조시키는 한편 '지구를 되살리는 한걸음, 에코마켓'을 부흥공원에 개최해 초등학생들이 직접 중고물품을 판매하거나 교환할 수 있는 어린이 벼룩시장을 열기도 하는 등 교육문화의 중심지로 자리매김하고 있다. 근래에는 좌2동에서 중2동으로 가는 길목에 젊은이들이 카페들이 들어서 신도시 젊은이들 사이에 인기를 얻고 있다.

좌3동은 주거단지와 일반 상가로 이우러졌으며, 주거 단지 사이로 공원들이 조성되어 있다. 좌3동은 장산과 인접해 있는 지리적 여건을 활용하여 장산구립공원에서 장산체육공원까지 걸으며 가을 정취를 느낄 수 있는 '가을 주민 걷기 대회'를 개최하여 가족 간 나아가 이웃 간 서로 소통하고 화합할 수 있도록 하고, '소중한 당신 사업'을 개최하여 나라를 위해 희생·헌신한 보훈대상자의 자존감 회복을 도모하고 이들을 예우하여 애국심을 드높이도록 하고 있다.

좌4동은 장산, 대천공원과 인접한 지역으로 자연환경이 좋으면서도 외곽도로와 인접해 있는 곳으로, 특히 중장년층이 거주하기 좋은 지역으로 자리매김하고 있다. 좌4동에는 장산마을, 53사단 126연대. 소방항공대, 한마음스포츠센터, 해운대도서관, 아세안문화원, 대천공원 등 다양성이 공존하는 마을의 면모도 함께 보여주고 있다.

위 : 해운대문화회관
아래 : 좌동 토박이의 구심이 되고 있는 좌동경로당 [옛 좌동 동사무소가 있었던 자리]

좌1동 행정지도 [해운대구청 기획예산과 제공]

좌1동 행정복지센터 [해운대구 미디어센터]

좌2동안내도
신해운대역
좌 4 동
Jwa 4-dong
송 정 동
Songjeong-dong
해운대터널
두티사 관
달맞이교
181.0
한마음스포츠센터
LG아파트
상당초교
삼성아파트
상당중교
좌4동
미리내어린이공원
NH농협은행
행정복지센터
부산소방본부특수구조단
동부아파트
하나은행
좌동지구대
LIG건영아파트
좌동지하차도
송정터널
좌동우체국
해운대교육지원청
롯데3차아파트
KT
좌동지사
해운대로
부산환경공단해운대사업소
송정옛길
신곡산
230.0
좌동초교
부흥초교
롯데4차아파트
창엽지원주택
부흥구석기유적지
건영2차아파트
신도시시장
아세안문화원
성가정성당
부흥중교
해운대지역난방
좌동재래시장
온누리교육관
롯데캐슬마스터1
부흥고교
청산노인복지관
해운대백병원
누림어린이공원
좌 2 동
Jwa 2-dong
좌 1 동
Jwa 1-dong
농협
佐
洞
대원아파트
해운대문화회관
KCC스위첸
화목아파트
한라아파트
대우2차아파트
좌1동행정복지센터
좌1동우체국
NC백화점
달맞이길
꿈나눔터(가칭)
장산역
벽산1차아파트
벽산2차아파트
자생한방병원
세종월드
신곡초교
좌2동행정복지센터
삼성코아주상복합
삼정그린코아
롯데시네마
까르띠움
부흥공원
KB국민은행
두산2차아파트
신곡우체국
좌산초교
삼환아파트
대림아크로텔
부산은행
경동지-플러스
신곡중교
자유어린이공원
두산위브올리브
삼정그린코아
SK허브
중 1 동
Jung 1-dong
센티움II
공영주차장
영남아파트
좌2지안센터
경동메르빌
대우1차아파트
경남선경아파트
흥국자동차화원
상록아파트
와우산
165.8
해운대관광특구지역
동백중교
현대아파트
SK뷰아파트
156.2
소명교회
해송초교
중 2 동
Jung 2-dong
해마루
[해운대일출]
래미안해운대
힐마루요양병원
해송교
봉남하이츠
해운대구선거관리위원회
해운대구보건소
동백초교
해월정사
우산교회
양우내안애팰리스
해운대힐스테이트위브
동해사
부산교회
청사포로
혈진태양아파트
중2동행정복지센터
달맞이우성빌리트
범 례
마마아파트
부산은행
고속국도
국도
해운대달맞이유림노르웨이숲
중동지구대
주리문학관
삼안1차아파트
국가지원지방도
지방도
대로
달맞이경동메르빌
이진캐스빌
해운대힐스테이트위브
中
洞
소나무보호수
기타도로
도·광역시계
시·군·구계
읍·면·동계
달맞이119안전센터
달맞이성당
어울마당
경동메르빌골드
삼안2차아파트
축척 1:10,000

좌2동 행정복지센터 [해운대구 미디어센터]

좌3동 행정지도 [해운대구청 기획예산과 제공]

좌3동 행정복지센터 [해운대구 미디어센터]

좌4동 행정지도 [해운대구청 기획예산과 제공]

좌4동 행정복지센터 [해운대구 미디어센터]

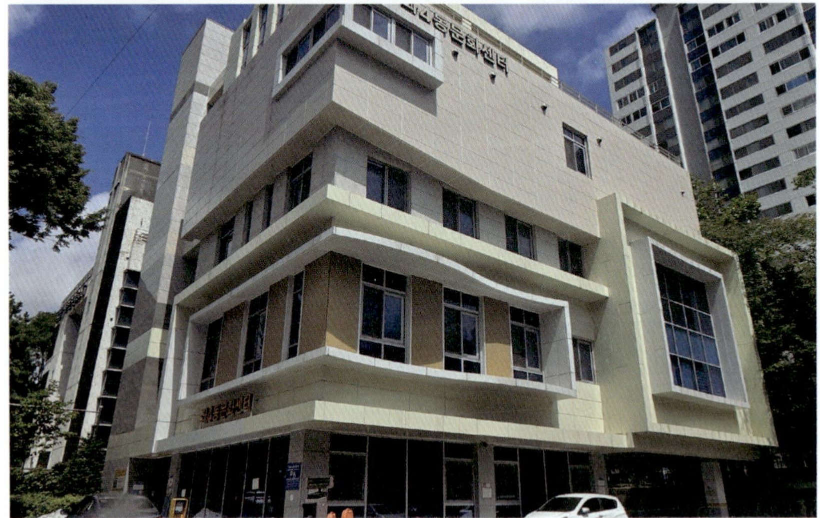

위 : 해운대 도서관
아래 : 좌4동 문화센터

위 : 대천공원 내 숲속책방
아래 : 아세안문화원

위 : 인제대학교 해운대백병원
가운데 : '좌4랑 함께하는 차 나눔' 행사장
아래 : '좌4랑 함께하는 차 나눔' 행사장
    [좌4동 행정복지센터 제공]

154

난전과 재래시장

신도시가 조성된 직후 대천공원 앞은 물론 아파트 내 단지와 공터에 노점상들이 자리를 잡았다. 신도시가 새로운 상권으로 부상되었기 때문이다. 그런데 이러한 노점상들은 도시의 색다른 정취를 느낄 수 있게 하지만, 난전 특성상 도심 속 공간의 질서를 흩트리게도 하기에 사회적 문제로 부각되기도 했다.

22일 해운대구청에 따르면 IMF 이후 일자리를 구하지 못한 실직자들이 지난해 연말부터 신시가지로 몰려들어 현재 신시가지 아파트단지와 빈터 곳곳에 차량을 이용한 이동식 노점상과 포장마차 등 2백여 개 노점상이 성업중이다.

— 『부산일보』, 1998.06.22.

난전과 더불어 신도시에는 재래시장이 두 곳 들어섰다. 하나는 이제는 문을 닫은 ㈜신도시시장[당시 좌동1429번지]이고 다른 하나는 지금도 운영 중인 좌동재래시장이다. 신도시시장과 좌동재래시장은 비슷한 시기에 형성되었던 장이나 각기 성격이 달랐다. ㈜신도시시장은 상점 중심의 현대식 시장인 일명 박스형의 백화점식 종합도매시장으로 출발했고. 좌동재래시장은 난전과 상점이 함께하는 재래식 시장으로 출발했다.

이중 ㈜신도시시장은 개장 전부터 세인의 주목을 받아 언론의 조명을 받기도 했다.

사회 전반적으로 복고풍이 인기를 끌고 있는 가운데 해운대 신시가지에 들어설 한 현대식 상가가 백화점이나 쇼핑센터 대신 재래시장이란 이름을 사용해 화제가 되고 있다. 시행사인 ㈜신도시시장은 30일 해운대구 좌동 1429번지에 대지 8백96평 지상 5층 지하2층 규모로 신도시 최초의 재래시장을 올 11월에 준공할 예정이라고 밝혔다. 이 시장은 층별 업종별 섹션화와 농수산물의 현지 직배송 체계를 통해 유통단계를 최대한 축소한 백화점식 종합도매시장이다.

— 『부산일보』, 1998.03.30.

반면, 1998년 9월 30일에 개장한 좌동재래시장은 좌동 주민이 세운 시장으로 사회적 문제가 되었던 난전 상인들을 수용하면서 전통 재래시장의 모습을 갖추었고 '행복한 밥상을 책임지는 좌동재래시장'이라는 슬로건에 따라 1차 산업 생산품에 주력하여 다른 재래시장과 차별화했다. 이러한 마케팅 전략이 성공을 거두어 이제는 신도시 내 유일한 재래시장으로 자리매김하고 있다. 즉, 현대적 시설과 재래시장의 구조가 조화를 이루고 있는 좌동재래시장은 신도시에서 살아가는 좌동 사람들의 또 다른 면모를 보여주는 공간이라 할 수 있다.

좌동재래시장

좌동재래시장 표지판

좌동재래시장에서는 초기 공연행사를 펼치기도 하고, 시대의 변화에 발맞추어 온라인 판매를 겸하는 일명 '씨장'도 시도했다. 그런데 지역 주민의 반대로 공연행사는 멈추게 되었고, 재래시장 특성상 온라인 판매가 쉽지 않아 씨장도 이제는 자취를 감추었다. 씨장은 재래시장의 새로운 변화를 마련하는 씨앗이 되겠다는 의미에서 지어진 이름인데, 재래시장이 갖는 한계로 말미암아 새싹을 틔우기 힘들었다.

이후에는 이를 대신하여 좌동재래시장에서는 경품 행사를 열었는데, 이 행사가 고객들의 호응이 커 여전히 이어져 오고 있다. 또한 고객의 편의를 위한 시설 확충과 서비스 개선이 수시로 이루어지고 있다.

변화의 길목에 선 신시가지

2020년 12월에 해운대구청이 주관한 '도시 브랜드 명칭 공모전'에서 신시가지의 새로운 이름으로 '해운대 그린시티'가 선정되었

좌동재래시장 내 상점들

좌동재래시장 내 상점과 난전

다. 그러나 신시가지의 새 명칭은 자리 잡지 못하여 도로 표지판에서만 종종 만나게 되는 이름으로 그치고 있다.

　신시가지가 그린시티로 자리 잡기도 전에 신시가지는 또 다른 변화의 길목에 서 있다. 2023년 노후계획도시 재정비를 위한 특별법안이 국회 국토교통위원회 법안소위를 통과하면서 2025년 국토교통부에서는 신시가지를 시범단지로 선정했기 때문이다. 이에 신시가지는 13개 특별 정비 예정구역과 4개의 기타구역에 3,000세대 규모의 대단지 건립사업이 추진될 계획이다.
　정부의 발표에 따르면 좌동 재건축 1차 시범단지는 2026-2027 정비계획 수립과 조합 설립을 거쳐 2028년 이주 철거하고 2029년에 착공하여 2031년에 입주시킬 계획으로 13년간 매년 3000세대씩 순차적으로 재건축이 이루어질 것이라고 한다.

　이와 더불어 또 다른 변화는 53사단 부지 중 그린벨트 해제 지역에 첨단산업단지를 개발하고 산업 연구시설 유치하여 첨단 사이언스파크를 조성하는 것으로, 2027년 이후 관련 사업이 본격화될 예정이다.

　　지역주민들은 첨단사이언스파크가 조성되면 해운대 그린시티 일대가 전방위적으로 발전할 수 있을 것으로 기대한다. 사업 부지 면적은 3.8㎢로, 해운대 그린시티 면적(9.3㎢)의 3분의 1을 넘는 규모다. 주거 기능을 갖춘 신시가지 인근에 신산업단지가 조성되면 직주근접성을 갖춘 공간이 될 것으로 보인다. 해운대구가 유치전을 펼치고 있는 신해운대역 KTX-이음 유치까지 성사되면 교통과 주거, 일자리를 갖춘 공간으로 탈바꿈할 수 있다는 전망도 나온다.

— 『부산일보』, 2025. 03. 02.

　　아직은 계획단계에 머물고 있지만, 이러한 변화들이 실현된다면 신시가지는 그간의 별칭이었던 꿈의 도시라는 명성을 되찾을 수 있을 듯해 보인다. 또한 좌동은 또 다른 변신으로 좌동 역사에서 한 획을 긋는 전환점을 맞이할 수도 있을 것 같다.

5. 따로 또 같이, 좌동 토박이와 신도시 주민의 공동체문화

좌동향인회

좌동향인회는 신시가지가 조성될 무렵 결성된 좌동 토박이[원주민]의 친목모임으로, 신시가지가 조성되어 서로 흩어져 살게 될지라도 좌동 주민으로서 변함없는 관계를 유지하고자 결성되었다.

향인회는 여기가 신도시로 개발될 무렵 결성됐어요. 역사가 40년 정도 됐나 보네요. 우리 헤어지지 말고 만나자고 해서 결성된 친목회죠. 처음에는 회원 수가 100명이 넘었죠. 타지에서 생활하게 된 분들은 거리도 있고 하니까 회원으로 가입하지 않은 분들도 계시고 그랬어요. 그런데 지금은 초창기 회원 중 어르신들이 많이 돌아가시고 해서 회원 수가 줄었습니다. 후손들이 그 뒤를 이어 가입해야 되는데, 다들 사정이 여의치 않으니까 점차 모임에 오시는 회원 수가 줄었어요. 지금은 회원이 50여 명 됩니다.

— 정민조(남, 1954)

좌동항인회는 좌동향인회 결성 목적과 주요 활동을 회칙에 담았다.

좌동향인회 목적

가. 본회는 회원 상호간에 친목을 도모하여 상주 상조함을 목적으로 한다. 나. 본회는 지역공익 발전에 이바지하여 어른을 공경하고 후배 양성에 이바지한다. 다. 본회는 회원 상호간 화애 상경으로 뭉쳐 상호 이해와 신뢰를 목적으로 한다. 라. 본회는 향토애를 발휘 솔선수범하며 타의 모범이 된다.

본회는 목적달성을 위하여 다음과 같은 사업을 한다.

가. 회원 친목을 위하여 체육대회 및 단합대회를 갖는다. 나.충효사상을 고취하기 위해 경로효친 사업을 한다. 다. 지역사회 공익사업에 이바지 한다.

좌동향인회는 친목 모임이기에 달리 격식을 갖추지 않고 매월 회원들이 함께 저녁 식사하며 친목을 다진다. 좌동향인회는 달리 모임 공간이 없기에 좌동 내 음식점에서 모임 갖기도 하나, 좌동 어르신들이 모이는 좌동경로당을 자주 찾는다. 좌1동 좌동경로당은 좌동향인회 회원은 물론 좌동 토박이들이 마을을 오가며 자주 찾는 곳으로 좌동 토박이 사회의 구심점이 되고 있다.

좌 : 좌동향인회 책자 [이부돌 제공] | 우 : 좌동향인회 제11차 정기총회 [이부돌 제공]

위 : 좌동향인회 단합대회 [강영숙 제공]
아래 : 좌동향인회의 생일 축하 행사 [이부돌 제공]

안씨위토답보존관리위원회

'안씨위토답보존관리위원회'는 안씨위토답을 공동으로 관리하기 위해 조직된 토박이 모임이다. 안씨위토답은 과거 마을에 거주했던 안씨 할머니가 사후 제사를 지내주기를 요청하며 마을에 기부한 전답을 말한다. 안씨위토답은 전답 540평으로 좌동599-3번지의 전답 540평이었는데, 지금은 신시가지 조성 때 받은 보상금을 관리한다.

순흥(順興)안씨 부인은 이 마을의 김녕김씨(金寧金氏)의 외손녀였다고 알려져 있다. 일찍 남편과 사별하여 홀로되었는데 후손이 없었다고 한다. 다른 설로는 남편과 이혼해 혼자 살았다 하기도 한다. 슬하에 자식이 없었던 안씨 부인은 자신이 소유하고 있던 농토를 1932년 7월 8일에 당시 중간마실에 사는 마을 원로 5명에 관리하여 제사를 지내 줄 것을 간청하여 이들 원로 5명이 안씨 할머니의 묘[좌동 산 65번지]를 관리하면서 위토답에서 지은 곡식으로 매해 기일에 맞춰 제사를 지냈다. 한국전쟁 때 탄약고 부지로 편입되어 3여 년간 농사를 짓지 못하게 되어서도 제사를 모셨다.

그러던 중 다섯 분 중 한 분의 후손이 위토답을 사유재산으로 오해하여 위토답 일부를 매매한 일이 발생하자, 마을에서 다섯 분의 후손들이 관리하기 위해 1990년 7월에 후손들이 안씨위토답보존관리위원회를 결성하여 신도시 개발 보상금을 함께 관리하기 시작했다.

그때는 그냥 제사만 지내오다가 일이 하나 생겼어요. 마을에 다섯 분이 안씨 할머니가 기증한 전답을 공동명의로 해서 관리하고 함께 농사를 지어서 제비를 마련해 제사를 지내왔는데, 세월이 흘러 흘러 오다가 그 다섯 분 중 한 분의 후손이 안씨 할머니 전답을 5/1를 팔아버렸어요. 안씨 할머니가 다섯 분께 전답을 맡겼다고 하

위 : 이장 전 장산 기슭의 안씨 할머니 묘소
아래 : 이장 후 안씨 할머니 묘소 [좌동향토문화보존사업회 제공]

166

더라도 그게 다섯 분 재산이 아니거든요. 제사를 지내달라고 마을
에 기탁한 것이지. 그런데 어떤 성씨 자손이 자기 몫으로 여기고
동네에도 안 알리고 몰래 팔아버린 거라요. 그 일로 마을에서 이래
서는 안 되겠다 해서 안씨위토답보존관리위원회가 만들어졌어요.
— 김주찬(남, 1949)

　안씨위토답보존관리위원회에서는 회칙에 위원회의 목적을 "유
인(孺人) 순흥안씨의 사후 묘제시행을 전제로 신탁된 위토답을 근
원으로 한 자산의 보존관리에 만전을 기함을 목적으로 한다."라고
명시했다. 그리고 회원자격 조건도 명시했는데, 안씨위토답을 처
음으로 관리했던 다섯 분의 후손을 넘어 마을 토박이들도 동참할
수 있도록 회원자격을 완화했다.

　회원의 조건은 1. 본신탁재산 대표 명의자의 후손인 세대주, 단
외동(外洞) 거주자일때는 본인이 원할 때. 2. 1932년 7월 8일 현재
본동 거주 세대주. 3. 2항 후손으로서의 본동 거주 세대주, 단 본
회식 특정시인 1990년 7월 18일 현재 세대 구성원이 된 자에 한한
다. 4. 본 회에 혁혁한 공로가 있는 자로서 총회의 승인을 득한다.
　*회원계승은 회원의 사망 또는 병환으로 기동할 수 없을 사 그
장손 중 1명에 한하여 회원자격을 계승할 수 있다. ['안씨위토답보
존관리위원회' 회칙 중]

회원은 59명으로 음력 9월 9일 중양일에 안씨 할머니 제사를 지낸다. 과거 안씨 할머니 제사는 안씨 할머니의 기일에 행했으나, 위원회를 결성해 안씨 할머니 묘를 정관으로 이장한 후로는 9월 9일에 제사를 지내는 것으로 바뀌었다.

안씨 할머니 묘는 장산에 있었다가 묘가 있는 산 소유주가 소유권을 주장하며 이장할 것 요구하여, 위원회에서 1993년 4월 5일에 정관으로 이장했다. 위원회에서는 이장 후 묘소 옆에 세운 비석 [유인 순흥안씨지묘(孺人 順興安氏之墓)] 뒷면에 아래와 같이 안씨 위토답의 내력과 함께 안씨위토답보존관리위원회의 결의를 각서 했다.

孺人 順興安氏께서는 일찍 男便과 死別하고 後嗣가 없어 自身의 死後 祭禮를 念慮하여 佐洞 所在 畓五四0坪을 買收하여 當時 佐洞 有志 중 宋道淳 李大永 金性扙 金庚午 金尙鳳 各人을 洞代表로 하여 自身의 位土畓으로서 一九三二年 七月八日 洞民에 委託하고 其後 別世하였음. 受託한 洞民들은 耕作小作料로서 世世年年 精誠 모아 墓祭를 받들어 왔음. 寄託된 土地가 新都市計劃에 編入되어 耕作이 不能할 것을 勘案 寄託된 年度를 基準으로 한 住民 및 그 孫孫들이 一九九0年 七月 位土畓 保存管理委員會를 發足하고 先人들의 崇高한 뜻을 이어가기로 決議함에 그 뜻을 새김.

좌동향토문화보존사업회

좌동향토문화보존사업회는 예로부터 행해온 지역 공동체 의례였던 상산마고당제와 마을 공동체 의례였던 당산제를 계승하기 위해 1995년 12월 14일에 결성된 조직이다. 결성 당시 명칭은 '장산 신당보존관리위원회(萇山神堂保存管理委員會)'였으나, 2010년 6월 10일 자로 '좌동향토문화보존사업회(佐洞鄕土文化保存事業會)'로 개칭했다.

> 장산 신당 제사를 절에서 보살이 모셨어요. 그분이 쭉 하다가 울산을 가게 되면서 제사를 못 지내게 되니까, 좌동 토박이들이 우리가 지내자 그렇게 뜻이 모아졌습니다. 그래서 2007년 6월 25일에 이사회를 개최해서 보존회를 결성하고 제사 준비를 해서 그해 음력 6월 3일이 양력으로 7월 16일이었어요. 항상 그날에 제사를 모셨으니까 그날 제사를 모셨어요. 보존회가 결성되고는 첫 제사인 셈이죠.
>
> — 송민태(남, 1952)

이 조직은 마을에서 행했던 공동체 의례를 계승하는 것이 주목적이나, 이와 더불어 '좌동 향토문화 장학위인회'를 두어 좌동 토박이 후손을 대상으로 장학사업도 병행하면서 좌동 토박이들의 친목도 함께 도모하고자 한 목적도 있었다.

　이러한 목적은 회칙에 명시되어 있는데, 회칙에는 "이천여 년 전 래해온 좌동 동민의 수호신에 대한 제향 시행, 제당 및 본회 회관 건축물을 보존 관리하고, 좌동 원주민들의 상호친목과 복지향상에 힘쓴다."라고 했고, 이를 위해 제당 주위 정화, 본회 발전을 위한 회관 수익 사업, 효친 사상을 심어주기 위한 좌동경로당 운영 협 조, 좌동 동민 자녀의 장학사업 등을 시행할 것이라고 했다.

1995년 좌동장산신당보존관리위원회 사무실 현판식
[좌동향토문화보존사업회 제공]

회원은 좌동에 거주하는 동민 중 30명을 대표위원으로 구성하고, 좌동에 거주하는 대표위원이 유고 시에는 본회의 목적에 찬성하는 후손 중 장자(長子)에게 그 자격을 승계토록 했다.

제사는 사업회 회원들이 전담하는데, 내규를 마련해 제를 주관하는 제관과 제물을 운방하고 제사를 돕는 제군으로 참여할 수 있는 자격을 제한하고, 제관과 제군이 부정을 가리는 금기 이행 기간도 정했다. 관련 내규는 '길흉사가 있는 사람은 1개월 금기', '출산 가족 있는 사람은 1개월 금기', '여자관계가 복잡한 사람은 참여 못함', '1년 신수 중 삼재에 해당하는 사람은 참여 못 함', '제관과 제군은 제일 재수(1년 신수 중)가 있는 사람으로 선정한다' 등이다.

제사는 천신단→상산마고당→산신단→제석당 순으로 제물과 제의 방식은 전통에 따른다. 제의 방식은 유교의 기제사와 대동소이하나, 이 마을에서는 예로부터 헌작 후에는 삼배를 세 번 반복하는 것이 관례였기에 이에 따라 제사를 지낸다.

변화가 있다면 근래 제사를 지낼 때는 천신제를 지낼 때 천신 축문과 더불어 부산의 발전을 기원하는 고천문을 함께 독송하며 축원한다.

'상산마고당제의 축문'

유세차 ○○년 ○일 ○○일에

장산신당보존위원회 회장 ○○○ 삼가 고하나이다.

마고할머니께서 이른 봄과 여름의 첫 三日에 祭祀 올림은

아득한 옛 선인들로부터 이어온 지 수백 년의 오랜 세월이 옵니다.

오늘도 향촉을 받들어 밝히오니 산 아래 주민의 안녕과 福을

누리도록 점지하여 주시기를 빌면서 이에 맑은 술과

여러 음식을 갖추어 삼가 올리오니

흠향하소서.

좌 : 상산마고당제
우 : 상산마고당
[좌동향토문화보존사업회 제공]

'고천문(告天文)'

하늘이시여 장산의 하늘이시여!

한배검 할아버지께서 홍익인간 이화 세계의 숭고한 마음으로 나라를 세운지

단기 ○○○○년 ○월○일, 서기 ○○○○년 ○월○일

오늘에 부산 해운대의 진산인 장산 중턱 산마루에서 부산 시민의 정성을 모아 하늘 앞에 고하나이다.

하늘이시여! 하늘이시여!

오늘 하늘의 신령함이 서려있는 이곳 해운대 장산 중턱에서 수수 천 년의 역사 속에서 변함없이 베풀어 주신 은혜에 감사드리고, 장산의 큰 기운 속에서 살아가는 해운대 주민과 특히 좌동 동민의 안녕을 기원하고, 나아가 세계로 열린 해양 수도 부산의 새로운 도약을 빌고자 하늘을 우러러 제를 올리고자 하나이다. 이곳 장산에서 아주 오래전 장산국 대부터 조상 대대로 하늘에 감사한 마음으로 천제를 올렸던 곳입니다.

우리 배달 민족의 시원을 나타내는 장산 천제단과 마고당이 단기 4242년 12월 7일, 서기 2009년 12월 7일사로 부산광역시 민속자료로 지정되어 더욱더 큰 기쁨으로 제를 올리게 됨을 정말 감사하고 감사하나이다.

비오나니 하늘이 내린 이 아름답고 넉넉한 장산을 지켜주시고, 하늘과 땅과 사람이 조화로운 장산의 신령한 기운으로 장산을 찾는 모든 사람들이 순수하고 아름다운 영혼으로 장산에 안길 수 있도록 비나이다.
그리하여 장산의 품 안에 안긴 우리 모두의 소망이 꼭 이루어지기를 간절히 바라나이다.
오~ 장산의 하늘이여 해운대의 하늘이여
좌동의 하늘이여 영원하소서

단기 ○○○○년 ○월 ○일
서기 ○○○○년 ○월 ○일

좌 : 쇠머리를 제물로 올리는 천제단 [좌동향토문화보존사업회 제공]
우 : 단제 [좌동향토문화보존사업회 제공]

'천제단제의 축문[천제단축(天祭壇祝)]'

유세차 ○○년 ○일 ○○일에
장산신당보존위원회 회장 ○○○ 삼가 고하나이다.
조물주인 *神上帝*께 봄 · 여름 *祭祀* 올림은 아득한 옛날부터
시작되었으며, 해마다 이어 왔습니다. 오늘도 지극 정성으로
향축을 올립니다.
상제께서는 아래 주민을 보살피고 도와주시기 바라옵고, 이
에 소머리와 맑은 술 그리고 맛있는 여러 음식을 올리오니
흠향하옵소서.

산신제 [좌동향토문화보존사업회 제공]

'제석당제의 축문[제석당축(帝釋堂祝)]'

유세차 ○○년 ○일 ○○일

장산신당보존위원회 회장 ○○○ 삼가 고하나이다.

제석당(帝釋堂)은 본 좌동(佐洞) 동네 뒷산 중턱에 자리잡고 있었으며, 현 위치는 1992년 신도시 건설과 동시에 이전하였습니다.

이른 봄과 여름의 初 三日에 제사 올림은 아득한 옛날 좌동 선인들로부터 이어온 지 수백 년의 오랜 세월이옵니다.

오늘 향촉을 받들어 밝히오니 산 아래 本 좌동 주민의 안녕과 福을 누리도록 점지하여 주시기를 빌면서 이어 맑은 술과 여러 음식을 갖추어 삼가 올리오니 흠향하옵소서.

좌동의 마을신을 모시는 제석당제 [좌동향토문화보존사업회 제공]

좌동지역발전협의회

신시가지가 조성되면서 입주민들 중심으로 해운대신시가지를 가꾸는 모임이 결성되었다. 이 모임은 신시가지 주민의 첫 조직으로 주거환경과 관리기반시설 점검에 기반에 중점을 두고 신시가지 주민들의 안락한 삶터를 마련하기 위한 활동을 주로 하면서, 장산의 자연환경을 보호하고자 하위조직으로 '장산보존회'를 결성하기도 했다.

해운대신시가지를 가꾸는 모임은 28일 오후 8시 신성아파트 관리사무소에서 소각장 다이옥신 검출과 신시가지 관리 및 구조적 문제에 대한 대책 마련을 위해 긴급모임을 갖기로 하는 한편 앞으로 모임 활성화를 위한 조직개편 문제도 검토하고 있다.

— 『부산일보』, 1997.05.28.

해운대신시가지를 가꾸는 모임은 7일 폭포사계곡 등 장산일대의 환경훼손이 갈수록 심해짐에 따라 이달 중 특별기구격인 가칭 장산보존회를 결성해 장산 보존에 나서기로 했다.

— 『부산일보』, 1997.06.07.

또한 이 모임에서는 신시가지 주민들의 화합을 위해 '해운대 신시가지 좌동 축제'를 주관하기도 했다.

아파트 숲속에서 정감넘치는 공동체문화를 가꿔나가기 위해 주민들이 스스로 마련한 "제1회 해운대 좌동 신시가지축제"가 9일 오전 10시부터 해운대신시가지 대천공원 장산체육공원 등지에서 열린다.

해운대신시가지는 37개단지 2만9천3백여세대, 10만여명이 거주하는 부산지역 최대 아파트단지, 이 행사는 입주자대표회의연합회, 해운대신시가지를 가꾸는 모임 등 지역 10여개 시민단체들이 마련했다.

— 『부산일보』, 1999.05.08.

1999년에 개최한 제1회 해운대 신시가지 좌동 축제 [『해운대농협 50년사』]

　신시가지 조성 초기 왕성한 활동을 했던 이 모임은 2003년 신시가지가 4개의 동으로 나뉘면서 해체되었다. 이후 각 동마다 주민자치위원회가 조직되어 활동하다, 4개 동을 아우르면서 신시가지 주민을 하나로 묶는 조직으로 좌동지역발전협의회가 출범했다.

　좌동지역발전협의회는 2016년 6월 28일에 출범했다. 이 조직은 좌동 4개의 동에 소속된 주민자치위원회의 위원과 지역주민 100명이 함께 조직한 자생조직으로, 4개 동 주민들의 소통과 화합을 꾀해 살기 좋고 행복한 좌동을 만드는 데 목적을 두고 있다.

　좌동지역발전협의회에서는 조직 결성 후 지역주민의 단합을 위해 4년 동안 매해 대동 운동회를 개최해오다가 2017년부터는 대천공원 야외무대에서 '해운대그린시티축제 가을음악회 with 프리마켓'를 개최해 음악회와 소상공인프라마켓도 함께 운영해왔다. 2022년에는 이태원 참사로 해운대문화회관 고운홀에서 개최했는데, 코로나 사태 이후로는 행사 예산확보에 어려움을 겪게 되어 음악회 행사가 중단된 상태다.

좌 : 해운대그린시티축제 리플릿　|　우 : 행복한마을운동회 리플릿

사)장산마을발전협의회

장산마을은 1990년대 후반 목축업을 접은 후 마을 주민들이 등산객을 상대로 음식점을 운영하면서 마을 주민 간 결속력도 예전 같지 않게 되었다. 목축업과 달리 음식점 운영은 보이지 않게 마을 주민을 경쟁 구도에 몰아넣었기 때문이다. 그러던 중 2020년 이후 장산마을에는 레이더기지가 설치되고 장산이 구립공원으로 지정되는 일련의 변화를 맞게 되었다. 이에 마을에서는 마을이 안고 있는 여러 문제들을 함께 풀어나가기 위해 일종의 비상대책위원회로 '장산마을주민대책위원회'를 결성했다가 '장산마을발전협의회'를

2025년 장산마을 정화사업
[손웅희 제공]

구성하고 2025년 7월에 수익 사업을 하지 않는 비영리 법인으로 등록해 '사)장산마을발전협의회'가 되었다.

사)장산마을발전협의회는 2025년 7월에 발족하면서 장산로 일대 예초작업, 농사용 폐기물 배출 등 마을 정화사업을 실시했다.

2026년부터는 장산에 있는 마을이라는 특성을 살려 마을 공동체의 염원을 기원하면서 나아가 해운대구민의 화합도 함께 기원하는 '장산 해맞이'를 개최할 예정이다. 제1회 장산 해맞이는 2026년 양력 1월 1일 오전 6시에서 8시까지 개최될 예정으로 장산마을 발전협의회에서는 장산 해맞이 행사 목적을 "해운대 진산 장산에서 새해의 정기를 구민들과 함께 받고 새해 소망을 기원하면서 주민화합을 이루고 공동체 의식을 함양"에 두고 '풍물로 세상을 울린다', 새해 소망을 적은 편지를 새끼줄에 걸기, 소망 풍선 날리기 '나는 나의 별이다', '한국꽃차 무료시음, 떡국과 함께 새해를' 등의 행사를 기획하고 있다.

3부.
좌동 사람이 들려주는
좌동 이야기

1. 윤내순(여, 1935)

좌동의 산증인

송정에서 21살에 시집왔는데, 그때 여기는 호롱불 켜고 살더라고요. 와서 보고는 여기서 어떻게 살까 싶었습니다.

송정에 있는 당사마을이 고향인데, 시숙모 중매로 21살 때 좌동으로 시집왔어요. 와서 보니까 마을이 다 농사짓고 사는데, 사는 집들이 다 촌집이고 호롱불 켜고 살더라고요. 개울 물 길어서 먹고. 길이 다 돌길이라 손수레도 제대로 못 다니고. 그러니까 어디 이런 데가 있었는가 싶고, 여기서 살겠나 싶고 그랬어요.

송정은 바다도 있어서 생선도 좋은 거 먹고 이래 살았는데, 여기는 사는 것도 그렇고. 처음에는 아이고 못 살겠다 싶더라고요. 그래도 옛날에는 시집가면 아무리 힘들어도 그 집에 뼈를 묻고 산다고 했잖아요. 그러니까 주어진 대로 열심히 살아야지.

여기는 온 천지가 다 탄약이었어요. 마을 안에는 논밭도 많이 없었어요. 물도 귀했고.

휴전되고 그 봄에 시집왔는데, 그때 여기는 탄약이 쫙 깔려있고, 열차가 여기까지 있어서 싣고 오고 싣고 가고, 온 천지가 탄약이었어요. 그러니까 논밭은 많이 없었어요. 그래도 농사지어서 시장에 내다 팔고, 산에서 나무해서 팔고 다들 그렇게 살았어요.

장산은 물산이라고 해요. 물이 많이 나니까 그렇게도 불렀는데, 우리 마을에는 물이 안 나니까 물이 귀했습니다. 나중에는 장산 아래에 보를 만들어서, 산의 물을 가두어서 수도관으로 연결해 그 물을 먹고 했는데, 이전에는 새실 뒷산에서 내려와서 대천하고 만났던 천(川)이 있었어요. 그 천도 컸습니다. 다리가 있었는데, 내가 시집올 때는 다리가 없어서 그냥 건너갔어요. 다리 놓았을 때 우리는 그 다리를 새실 건너가는 다리라고 불렀어요. 거랑물이라 해도 그 물이 좋았어요. 물이 깨끗하니까 물고기들도 많았고 그랬어요. 그래서 그 거랑에 가서 빨래도 하고 물도 길어서 먹었습니다.

논두렁 옆에 거랑이 있어서 거랑에서도 물 길어서 먹었어요. 거랑물이라도 그때는 오염이 안 되었을 때니까 물이 깨끗했습니다. 그러다가 해운대에 극동호텔 들어오고 나니까 폭포사 아래에 물을 저장해서 수도를 넣어 주대요. 동네에서 물탱크 만들어서 물 먹고 했어요. 언젠가 시숙모가 대천에 물 길으러 가자고 해서 밤에 가는데, 그때는 속곳 입고 치마 입으니까 바람이 불면 속곳 사이로 알궁둥이가 나오고 그랬어요. 그래 바람이 부니까 그럴 때도 있는데, 보는 사람은 없지. 그래서 서로 마주 보고 보고 웃었어요. 지금 생각하면 추억이지만, 그때는 전기가 있나, 수도가 있나, 다들 힘들게 살았어요.

시절이 그래서 다들 힘들었는데, 우리 시집은 시동생이 전쟁터에서 총 맞고 돌아왔지, 탄약 폭발로 집도 다 불탔지, 진짜 힘들었어요.

우리 시동생이 6.25사변 때 강제로 입대해서 전쟁터에 갔다가 이북에서 가슴에 총 맞았고 집으로 왔어요. 지금은 뭐 병원도 좋고 해서 수술할 수 있겠지만 그때는 수술도 못 받도 집에 누워 있었는데, 여기 탄약고에서 탄약이 폭발했어요.

어떻게 폭발했는지는 몰라도 그때 날이 엄청 더웠다 그래요. 탄약이 폭발하니까 불이 날아오르고, 난리가 그런 난리가 없었대요. 집이 불에 다 타고. 그때 시집에서는 보리타작하다가 속옷 바람으로 나왔답니다. 탄약이 폭발하니까 뭐 준비할 것 없이 애들 데리고 그냥 뛰쳐나갔어요. 어떤 사람들은 자다가 속옷 바람으로 뛰쳐 나가고. 피난을 가는 거예요.

그래 친척 집으로 피난 갔다가 며칠 만에 집으로 돌아오려고 오는데, 해운대에서 이웃을 만났는데 그 사람이 동네 불이 나서 우리 집이 다 탔다고 해서 와보니까 집은 다 타고 김만 모락모락 나고 있더래요.

집 전체가 불에 다 탔으니까 먹을 것이 있어요? 농사지어서 놔둔 것도 불에 다 타고. 할 수 없이 탄 곡식이라도 걷어서 먹는 깁니다. 재 속을 뒤져서 그래도 덜 탄 콩이나 보리를 훑어서 그냥 먹기도 하고 끓여 먹기도 하고. 그걸로 애들을 먹이는데, 애들이 못 먹겠다고 하더랍니다. 배가 고파도 불에 다 탄 걸 어떻게 먹겠어요. 그래도 먹을 게 없으니까 그거라도 먹어야지요. 집이 다 타고 살 데도 없으니까.

고생이 말도 아니지요. 그래도 보상을 한 푼도 못 받았대요. 그래 어찌어찌해서 빈 집을 구해가 살았는데, 살림이 어디 제대로 있겠어요? 내가 가니까 단지만 3개가 있더라고요. 그렇게 살았어요. 나무하고 채소하고 고생 많이 했어요.

광목 장사도 하고 장 담아서 피란민들에게 팔기도 하면서 그렇게 살림을 다시 일구고 그랬어요.

옛날에 곡식은 도라무통이라고 해서 양철로 만든 통에 넣어 보관했거든요. 그래 시어머니께서 곡식 팔아서 모은 돈을 똘똘 말아서 그 안에 넣어놓고 했대요. 탄약 폭발로 집이 다 불탄 뒤에 보니까, 그 도라무통 안에 넣어뒀던 그 돈이 다 안 타고 남아 있더랍니다. 그래서 그걸 은행에 가져가니까 돈으로 바꿔줘서 그걸 가지고 우리 영감 큰엄마가 광목 장사도 하고 그걸로 시어머니께서 장을 담아서 저 해운대로 가서 피란민들한테 팔고 해서 생활했다 그래요.

여기는 피란민이 안 왔지만 저기 미포나 해운대나 송정에는 피란민들이 많았거든요. 여기 동네 사람들하고 시어머니하고 집에서 장을 담아서 피란민들한테 팔아서 살림에 보태고 했어요. 채소하고 장만 있으면 그래도 밥을 먹으니까 피란민들이 많이 사 가는 거예요.

군부대가 있으니까 크고 작은 일들이 많았습니다. 내가 시집오기 전에, 그때 탄약부대 있을 때 이 동네 아주머니 5명이 산에서 나무해서 머리에 이고 내려오다가 미군 차에 사고를 당했는데, 그때 우리 영감 큰엄마가 돌아가셨어요. 보상도 못 받았죠.

여기 미군들이 많았어요. 백인도 있고 흑인도 있고 그랬는데, 한번은 그때 동네 아주머니들이 산에서 나무해서 머리에 이고 내려오는데, 미군이 차를 몰고 오다가 들이받았대요. 그때 만삭인 사람도 있었는데 그 사람은 그 자리에서 즉사하고, 우리 영감 큰엄마하고 다른 사람은 크게 다쳤어요. 갑자기 뒤에서 차가 들이박으니 피할 재간이 있습니까? 그냥 당하는 거지. 그랬는데, 다른 분들도 고생 많이 했는데, 우리 영감 큰엄마는 얼마 안 지나 8월 17일에 돌아가셨어요. 그리고 그해 겨울에 내가 시집을 왔어요. 탄약 폭발해서 집 다 태우고, 사고 나서 돌아가시고 얼마나 힘들었겠어요?

신도시 들어설 때끼지 농사짓고 살았는데, 땅 밑에 돌이 많고 물이 귀해서 농사짓기가 쉽지 않았어요. 이전에 메추리 두 마리 오면 한 마리는 울고 간다 그랬어요. 먹을 나락이 없어서.

여기는 물도 귀하고 땅에 돌도 많았어요. 집터에 있는 농토는 황토가 아니고. 그러니까 거름을 줘야 농사를 지을 수 있잖습니까. 비료가 안 나왔을 때는 집집이 구덩이를 파서 그 안에 똥하고 물하고 넣어가 푹 삭혀서 두엄을 만들어서 밭에다 뿌렸거든요. 그걸 만들려면 똥이 필요하니까 마을 사람들이 똥 구하러 다닌다고 리어카를 끌로 부산 곳곳으로 안 다닌 데 없어요.

낮으로는 농사짓고 밤으로 갑니다. 밤새도록 걸어서 갔다 오는데, 주로 대신동에 많이 갔어요. 옛날에는 그 동네가 부자 동네였어요. 잘 먹고 하니까 영양이 좋다고 그 마을에 많이 가는데, 두엄 만들어 놓으면 좋아요. 잘 먹고 사는 부자 동네라서 그런지. 가져와 두엄을 만들면 잘 부서지지도 않아요. 그걸 보리에 두르면 숙였던 보리가 벌떡 일어나요.

농사 짓는 것만으로는 살기 힘드니까 밭농사도 짓고 나무도 해서 시장에 내다 팔고. 그러다가 70년대부터는 소도 키우고 돼지도 키우고. 돼지 키우고 하니까 그때는 온 동네에 파리가 들끓고. 돼지 먹일 잔반 구한다고 밤으로 해운대 일대도 돌아다녔어요.

옛날에는 농사만 지어서는 먹고 살기 힘드니까 나무를 해서 장에 내다 팔기도 하고 채소도 내다 팔기도 하고 그렇게 살았습니다. 저 산길로 해서 송정이나 기장에 가서 팔았던 사람도 있는데, 여기서는 주로 해운대시장에 가서 농사지은 거를 팔았습니다. 해운대

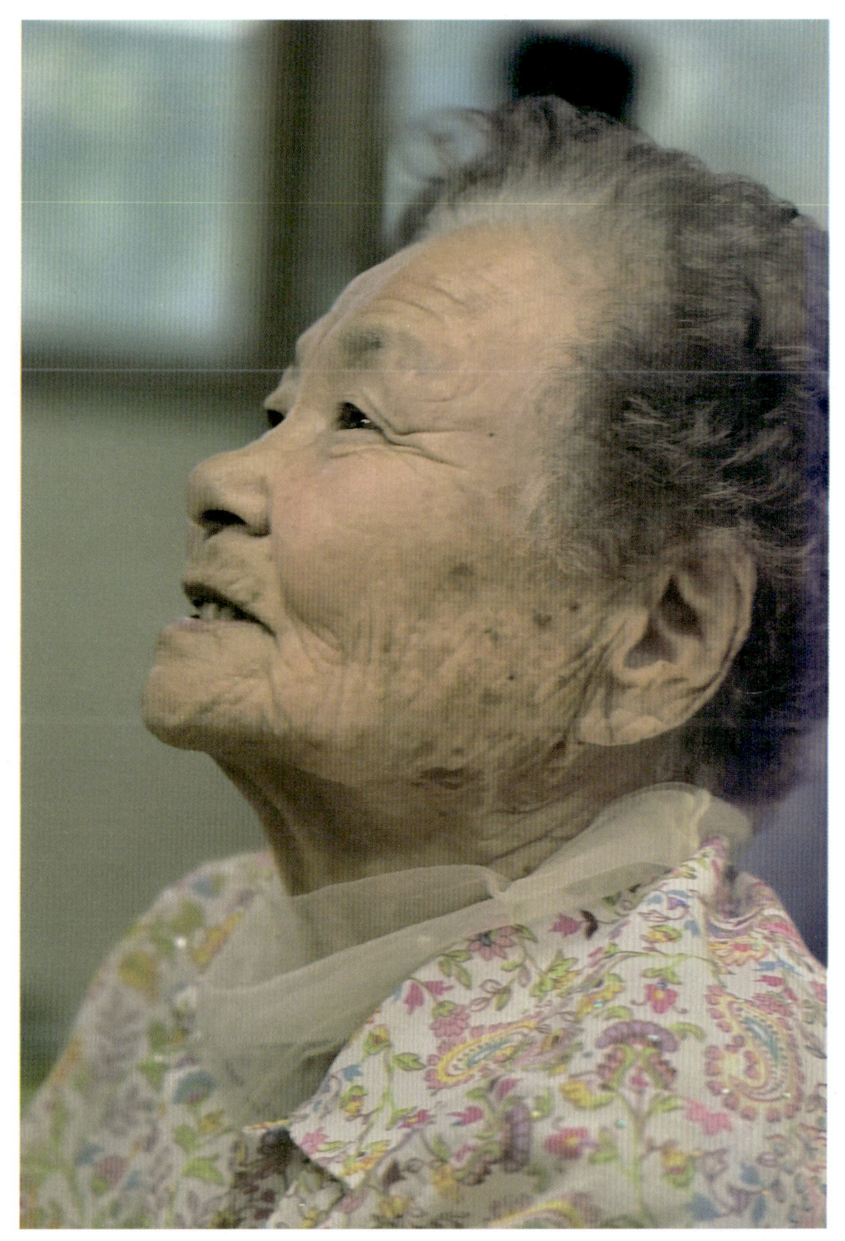

시장 앞에 골목이 있는데, 주로 거기 골목에 앉아서 팔았고. 아니면 수영이나 광안리에 가서 팔기도 하고. 해운대 시장이 걸어가기 가깝고 시장도 크니까 우리는 주로 해운대 시장에서 팔았어요.

70년대는 다들 돼지도 키웠어요. 그래서 해운대시장이나 음식점에 가서 구정물 모아놓으면 물은 붓고 해서 모아 옵니다. 돼지 먹이려면 음식 찌꺼기가 필요하잖아요? 그때는 사료가 없을 때니까. 그래서 낮에는 농사짓고 저녁으로 수레를 끌고 해운대 돌아다니면서 구정물 받아 놓은 거나 잔반들을 받아 옵니다. 그걸 집에 가져와서 곡식하고 섞어서 가마솥에 푹 끓여서 돼지 먹이고 했어요.

그런데 마을에서 돼지를 키우니까 온 동네에 파리가 많았어요. 온 동네에 가축 냄새가 나고 파리가 들끓고 해도 어쩔 수 없잖아요. 다들 그렇게 살았어요. 농사만 지어서는 못사니까 돼지도 키우는데, 온 집에 파리가 들고 말도 못 했어요. 그래 키우다가 돼지가 병에 걸리면 난리가 나고. 온 집안에 파리가 들고 그렇게 살았는데, 오래 살다 보니 참 이렇게 개발이 됐어요.

우리 아버님 때부터 동네 제사를 모셨습니다. 시집오니까 시부모님께서 우리보고 지내라고 하셔서 영감하고 같이 지냈습니다. 영감하고 상산마고당에도 제사 지내고 우리 제석당에도 제사 지내고 했어요. 제사 지내는 사람은 부정도 많이 가리고 정성도 많이 드립니다.

우리 시어머니께서 잘 아니까 시키는 대로 했어요. 동네가 편안하다고 모시라고 하니까 조기도 좋은 걸 샀어요. 그때 동네에서 소를 잡아서 소머리하고 생고기하고 산적하고 올리는데, 제사 지낼 때는 가져가야 할 제물이 많으니까, 꼭 두 사람이 제물을 지게에 지고 따라갔습니다.

제사 모실 때는 가리는 게 많습니다. 제사를 잘 모셔야 동네가 평안하다고 해서. 제사 지내 전에는 부부라도 한 방에 안 자고 딴 방 거치하고, 매일매일 목욕재계하고 옷 갈아입어야 하고. 그때는 옷이 별로 없으니까 매일 빨래해서 갈아입고 했어요. 제사 지내기 전이나 후에도 집안에 초상이 나도 가면 안 되고, 아이 낳은 집도 가면 안 되고. 지금은 다를 그렇게 안 하는데, 그때는 엄했어요. 부정을 안 가리면 신벌을 받아 죽기도 했고, 동네에 안 좋은 일이 생기면 제주가 제사를 잘 못 모셨다고들 그랬어요.

제물 살 때는 제일 좋은 걸로 사고 주인이 달라는 값을 그대로 주지 절대 안 깎습니다. 한 번은 제사에 조기 올린다고 자갈치 가서 장을 보는데 그때 돈으로 조기 한 마리에 만 원 하는 걸 사서 왔더니 우리 영감이 나보고 간도 크다고 그래요.

우리 제석당은 영검[영험함]이 있어서 동네 사람들이 무서워했어요. 우리 시아버님이 제주를 맡아서 제사를 모신 그해 시심촌이 돌아가셨거든요. 제주를 맡으면 1년 동안 초상집에 못 가는데 시아버님께서 동생이 죽었다고 하니 그냥 가셨어요. 시어머니께서 말려도 가서서 동생 손발을 걷었는데, 집으로 돌아오신 후 얼마 안 돼서 돌아가셨어요. 가서는 안 되는 데 가서서. 그만큼 당산이 영검했어요. 그러니까 제주를 뽑을 때도 아무나 안 뽑고 깨끗한 사람을 가려 뽑고, 제사 지내러 가서도 제당에 들어가기 전에 그 아래 샘에서 목욕재계하고 들어갔어요. 이전에는 그만큼 정신을 드렸어요.

그때는 마을에서 산신제하고 제석당제를 지낼 때거든요. 산신제는 영감 혼자 산에 올라가서 지내는데, 산신제 지내고 내려오면 제석당에서 메를 짓습니다. 소나무에 가지에불을 지펴서 메를 지어서 제석당에서 제사를 지냈습니다. 지금은 없지만, 이전에는 중동하고 경계지가 되는 대천 옆에 거릿대라고 있었습니다. 거릿대를 꽂아서 제사를 지냈는데, 제석당에서 제사를 지내고 나면 거릿대에 가서 제물을 조금 놓고 잡귀잡신이나 나쁜 기운이 마을에 들어오지 못하도록 하고 마을 편안하게 해달라고 인사하고 그랬습니다.

제석당은 신도시 개발될 때 지금 있는 곳으로 옮겼는데, 거릿대는 그 길로 없어져서 지금은 거릿대 제사를 안 지냅니다.

예전에는 자식들 잘되고 집안 편안하게 해달라고 빌기도 많이 했어요. 시주단지도 모시고 이월 바람할매도 모시고, 지금 송정터널 옆에 있는 바위에서도 치성을 드리기도 했지만, 이제는 안 합니다.

옛날에는 집집이 시주단지를 모셔서 10월이 되면 그 안에 쌀도 새로 갈고 정화수를 떠 놓고 빌고, 이월에는 바람할매 내려온다고 해서 음식을 해서 장독간에 올려서 바람도 올리고 그랬습니다. 그 음식은 동네 사람들과 나누어 먹고.

우리 아들이 월남으로 파병 갔을 때는 무사히 돌아오라고 치성을 많이 드렸어요. 집에서도 물 떠 놓고 빌고, 절에 가서도 빌고. 저기 송정터널 근처에 사람들이 치성드리는 바위가 있었는데, 거기에서도 빌고 했어요. 거기는 제물을 차려놓고 정성을 들이면 '호랑이가 내려와서 자시고 가신다.' 그런 말이 있었어요. 제물이 부정하면 호랑이가 안 먹고 그래도 둔다고 그래요. 공든 탑은 안 무너진다는 말이 맞아서 그렇게 공 드린 결과가 있어서인지 아들이 무사히 집으로 왔어요. 나만 그렇게 했던 게 아니고 우리 동네 사람들도 자식 잘되고 집안 편안하게 해달라고 다들 정성을 많이 드리고 그렇게 살았어요.

예전에는 봄이 되면 해치라고 해서 마을 사람들이 폭포사 쪽으로 가서 그날 하루 함께 먹고 놀고 했습니다. 송아지 한 마리 잡아서.

예전에는 봄이 되면 해치라고 해서 마을 어른들이 같이 하루 놀러 가서 쉬는데, 여기는 장산 폭포사 계곡으로 많이 샀습니다. 미을 청년들이 마을 어른들 모시고 관광버스 타고 절에도 가고, 관광지에 가는 것도 예전 해치와 같은 겁니다.

위 : 경로당 옥상에서 텃밭을 가꾸는 모습
아래 : 경로당에서 식사 준비를 하는 모습

예전에 해치가면 여자들은 한복 곱게 차려입고 갑니다. 가서 장구치고 먹고 놀고 하는데, 우리 마을에서는 그때 송아지 한 마리 잡습니다. 그래 폭포사 아래에서 송아지 잡아서 같이 먹고 술도 마시고 장구치고 노래 부르고 춤도 추고 하면, 폭포사 스님들도 내려와서 같이 고기 자시고는 입 싹 닦고 올라가고 그랬어요.

여기 경로당에는 본동 사람들만 오거든요. 이제는 다들 세상 떠나고 몇 사람 안 남았어요. 경로당 옥상에 텃밭을 만들 채소 키워서 같이 나눠 먹고 합니다.

여기가 이전에는 중간마실입니다. 여기 말고는 다 개발되어서 아파트가 들어서고. 아파트 살아도 좌동 사람들은 여기로 옵니다. 여기는 본동 사람들만 오니까 와서 같이 밥도 먹고 이야기도 하고 그럽니다. 좌동향인회 모임이 있으면 회원들이 여기 와서 인사도 하고 가고, 저기 제사 모시는 모임에서도 경로당 운영비를 지원해주고.

다들 농사짓던 사람들이니까 경로당 위에 텃밭을 만들어서 채소 키워서 나눠 먹습니다. 옛날만은 못해도 좌동 사람들이 모여서 생활하니 좋죠.

2. 김재찬(남, 1949)
안씨위토답보존관리위원회 회원

어릴 때 여기에 탄약고에서 탄약 폭발 사고가 있었는데, 그때 그 일로 제가 지금도 콩을 못 먹습니다.

옛날에 여기 마을이 네 개 있었어요. 중간마실, 윗마실, 아랫마실, 새실 그렇게. 나는 중간마실에서 태어났고. 중간마실에 김해김 씨들이 많이 살았어요. 우리도 대대로 여기서 살았고.

한국전쟁 때 여기 탄약고가 있었잖아요? 그때 내가 어렸을 땐데 탄약고에서 폭발사고가 있었어요. 여기 미군이 관리했던 탄약정비공장이 있었거든요. 내가 알기로 미군들이 탄약을 정비하는 과정에서 폭발한 걸로 알고 있는데, 폭발 때 가족들 모두 대연동 못골에 사시는 고모 댁으로 피난 간 기억이 있어요.

피난 갔다가 사흘 만에 집으로 돌아오니까, 우리 집이 불에 타 타버려 흔적도 없이 모락모락 연기만 나고 있었어요. 그때 집에서 농사를 짓고 살았으니끼, 곡식들을 보관했던 것이 모두 불에 다 타고. 먹을 게 없을 때니까 탄 콩 그걸 파서 먹고 그랬어요. 끼니때가 되면 할머니께서 그걸 끓여서 주시기도 하는데 불 냄새가 나니까 먹기가 힘든 겁니다. 그래도 워낙 먹을 게 없다 보니까 그거라도 먹고 살아야죠. 그때 그렇게 해서 우리 식구가 살았습니다. 그래서 지금도 콩을 잘 안 먹습니다. 아직도 그 트라우마가 있어요. 그때 불 냄새 나는 콩에 질려서.

어릴 때 모친이 마을에서 미군 군용차에 치여 돌아가셨어요.

제가 어릴 때 어머니께서 미군이 주둔할 때 사고로 돌아가셨어요. 그때 먹고살기 힘들어서 산에 나무를 해서 해운대 시장에 가서 팔아서 그걸로 먹을 거 사서 먹고 그랬습니다. 농토가 탄약고 부지로 들어가니까 농토가 적었어요. 농사를 많이 못 지으니까 산에 가서 나무도 해서 팔고, 그때는 마을 어른들이 그렇게 해서 살았습니다.

그때 우리 어머님하고 동네 아주머니들이 나무하러 갔다 오다가 내리막길에서 미군 군용차에 치였어요. 옛날에 스리쿼터라고 3/4톤 트럭이 있었어요. 그 차로 다섯 분을 다 받아버립니다. 머리에 나무를 이고 있으니까 피할 길이 없다 아닙니까? 그래 도로변으로 피했는데, 이놈이 술을 먹었는지 뒤에서부터 탁탁 다 들이받아서 다섯 분이 다 다쳤는데, 한 분은 그 자리에서 즉사했어요. 다른 사람들은 여기 병원 시설이 별로 없을 때니까 저기 하야리아 부대 소속 병원으로 싣고 갔어요. 우리 모친은 외상이 별로 없었는데 얼마 뒤에 사고 후유증으로 고생하시다가 돌아가셨습니다. 사고가 나서 인명 피해가 있어도 보상 같은 건 없었다고 그래요.

여기는 학교가 없었으니까 다들 초등학교는 해운대초등학교 다 녔어요. 살기 어려워도 농사지으니까 우리 동네 아이들은 도시락 들고 학교 갔어요.

우리 때는 다들 해운대초등학교 다녔어요. 저는 23회 졸업생이 고요. 해운대초등학교 역사가 90년 정도밖에 안 되니까. 그 이전에 는 장산초등학교, 수영초등학교 다녔어요. 걸어서 다니죠. 그때는 뭐 달리 교통편이 있었던 것도 아니고 하니까.

제가 초등학교 다닐 때만 해도 밥을 제대로 가지고 학교 가는 애 들은 이 마을 애들밖에 없었어요. 여기는 농사를 지으니까 생활은 어려워도 먹고 사는 거는 우리가 제일 나았어요. 그때 학교에서 아 이들에게 강냉이 가루 주고 했거든요. 그러면 우리는 도시락으로 그걸로 바꿔먹고 했어요. 도시락하고 바꾸면 애들이 좋아하죠. 우 리는 우리대로 강냉이 가루가 별식이니까 좋고.

어릴 때 소도 먹이고, 논둑도 해마다 태우고, 송정 바닷가에 놀 러도 가고 그랬습니다. 그때는 다들 순박하고 인심도 좋고 가족같 이 살았어요. 생활하기는 지금이 좋지만, 사람들 관계는 옛날이 좋 았죠.

소를 먹이리 신에 올려놓으면 소들이 해 떨어지면 내려와요. 집 에 소를 키우니까 점심 1, 2시쯤 되면 소를 먹이러 산에 갔다가 해 떨어지면 집에 오고 그렇게 지냈죠. 소 몰고 가다가 고구마밭이 있 으면 몰래 고구마 캐 먹고, 들키면 욕도 얻어먹고.

여기는 전부 다 농토니까 해마다 벌레 없앤다고 논둑을 태우고, 정월대 보름에는 지신밟기하고 들에서 달집태우기도 하고 그랬어요. 친구들하고 지금 송정 옛길을 넘어 송정에 해수욕하러 가기도 하고, 청사포나 구덕포에 낚시도 가고 그랬습니다.

예전에는 동네 사람이면 다 형님이고 누님이고 이모고 그렇게 불렀잖아요? 말만 그렇게 하는 게 아니고 실제로도 가족처럼 살았죠. 그때는 다들 순박하고 정이 많았고. 지금은 편리한 게 많이 나오니까 생활하는 지금이 좋은데, 사람들 관계는 옛날이 좋았죠.

군사보호구역이라 통제가 심했죠. 생활하기는 불편하지만 그래도 장산에 수목이 보호될 수 있었던 점도 있었어요.

장산에 수목이 많다. 왜 많냐면 군대가 주둔해 있었기에 나무가 보호될 수 있었던 점도 있습니다. 예전에는 나무를 해서 불을 때니까 민둥산이 많은데, 여기는 함부로 나무를 못 하니까 자연환경이 그나마 보호될 수 있었던 점도 있어요.

주민들은 불편하죠. 군 부대 통제를 받으니까. 군부대가 여기에 들어오면서 땅을 가지고 있던 사람 중이 땅 팔고 나간 사람도 있어요. 생활하기가 힘드니까.

신도시 개발할 즈음에 대전에 있다가 2000년대에 여기 오니까 얼마나 변했는지 어디가 어딘지 가름이 안 돼서 우리 집을 잘 못 찾겠더라고요.

여기가 1992년도 신도시에 편입되어서 1997년에 입주를 했는데, 그때 제가 대전에 있었거든요. 신도시가 들어섰다는 거는 들어서 알았는데, 2000년도에 여기로 내려오니까 너무 많이 변해서 어디가 어딘지 가름이 안 돼서, 내가 우리 집을 잘 못 찾겠더라고요.

마을은 변했어도 아직 토박이들 모임이 많습니다.

여기 경로당은 구청에서 제공해 준 곳입니다. 원래 경로당은 저기 대천 옆에 '좌동향토문화보존회' 자리에 있었어요. 지금 경로당 자리는 옛날에 논이었고. 옛날 좌동 동사무소 자리가 KCC아파트 자리인데, 그 울타리 안에 논이 있었어요. 그래서 땅을 바꾸자

옛 대천 인근의 경로당 [해운대구 미디어센터]

해서 그 논을 동사무소에 주고 대신 이 땅을 받아서 경로당을 지은 겁니다.

경로당에는 토박이들만 오니까 여기서 다들 소식 듣고 합니다. 여기는 토박이 모임으로 '좌동향인회'도 있고, '안씨위토답보존관리위원회'도 있어요. 토박이들 향인회는 보기 힘듭니다. 회원 수가 60여 명인데, 처음 만들 때 어른들이 회장을 맡아서 연령순으로 회장을 맡아 왔어요. 연장자가 회장이 되는 겁니다. 향인회 회원은 원적을 여기에 두고 있는 사람, 좌동에서 30년 이상 거주했던 사람 중 본인이 원하면 가입할 수 있습니다. 좌동향인회 사람 중에는 안씨위토답보존관리위원회 회원을 겸하기도 하죠. 나도 회원이고.

안씨위토답은 옛날 어르신부터 내려온 거니까 후손들이 지켜나가는 것이 맞죠. 후손들도 잘 따라줘야 하는데 세상이 많이 변하다 보니 걱정은 있어요. 그래도 여기는 단합이 잘 되니까 잘 되리라 생각합니다.

3. 김주찬(남, 1949)

김해김씨 삼현파 좌동 문중 총무

아랫마실에서 살았죠. 군 복무할 때 외에는 줄곧 마을을 떠나본 적이 없습니다.

아랫마실에서 살았죠. 아랫마을에는 김해김씨가 많이 있었고 남 평나씨도 있었고 문씨도 있었습니다. 여기는 누구나 할 것 없이 다 농사짓고 살았죠. 저도 여기서 나고 자랐는데, 잠시 군 복무 때문에 마을을 떠난 일 말고는 계속 여기서 살았어요.

옛날 부모들이 농사짓고 사실 때는 우리 동네가 잘 사는 동네였어요. 이전에 해운대는 늪지대라 여기 땅 팔면 해운대 땅을 몇 배를 더 샀을 정도로 여기 땅이 비쌌어요. 그 당시에는 좌동이 인근 갯가마을보다 상대적으로 잘 먹고 잘살았던 마을이었어요. 물이 위에서 내려오니까, 밑에는 물이 없으니까 상답이 최고죠. 그때는 상답이 제일 비쌌습니다.

밭농사 지을 때는 두엄이 필요하니까 예전에는 범일동이나 대신 동까지 수레를 끌로 다녔습니다. 농사짓는 일은 다 그렇게 하니까

그다지 힘든 줄은 모르는데, 부대가 주둔하면서 땅이 징발되고 생활이 통제를 받고 하니까 주민들이 힘들었죠.

밭농사를 지으려면 두엄이 필요하니까 두엄 구한다고 옛날에 범일동이나 대신동까지 수레를 끌고 다녔습니다. 두엄은 풀하고 대소변을 섞어서 만드니까 인분을 구하러 다니는 겁니다. 특히 보리나 옥수수는 두엄이 없으면 농사가 안 됩니다. 비료가 안 나왔을 때는 다들 인분 구하러 부산 시내 돌아다니고 했습니다. 차도 없을 때니까 그 고생이라는 것은 말도 다 못하죠.

한국전쟁 때 탄약고가 들어서면서부터 여기는 군사보호지역으로 묶여 있으니까, 주민들 땅이 많이 징발되었습니다. 군에서 필요한 부지에 우리 땅이 조금만 들어가도 그 땅만 징발되는 것이 아니라 그 땅 전체가 징발됩니다. 그러니까 누가 좋아하겠습니까? 보상도 제대로 없었는데 말입니다. 징발된 땅에 대한 보상이 예를 들면 몇 년 거치 후불 그런 식이었어요. 그 당시에 땅이 몇천 평 징발돼도 보상받는 돈이 얼마 되지 않으니까 보상 포기하는 사람들이 많았습니다.

마을 전체가 군 탄약을 적재하는 곳이다 보니 통제를 받았어요. 마을 입구에 초소가 몇 군데 생기면서 통제를 받으니까 생활하기 불편했지요. 그러다 보니까 버스도 없고 걸어만 다녔어요.

1996년 1월에 김해김씨 삼현파 문중 재실인 덕송재를 지었거든요. 2000년도에 문중 세계표(世系表)를 만든 일이 계기가 되어 2004년부터 문중 일을 보고 있습니다.

재실은 1996년 1월에 완공했습니다. 이전에 문중에서 우리 재실이 있어야 되지 않겠냐는 생각을 해왔는데, 위에 형님 중 한 분이 문중 일에 뜻이 많으셨는데, 그 분이 당시 연세가 많으셨어요. 그래 그분이 돌아가시기 전에 재실 짓겠다고 해서 재실을 지었어요. 문중에서 몇몇이 함께 터를 구하고 재실을 지었는데, 재실 현판은 김종필 씨가 썼습니다. 글은 미리 받아놨지요.

저는 처음에 문중 일을 안 맡으려고 했는데, 2000년도에 그때 문중 일을 맡아서 하시던 분의 권유로 다른 분하고 함께 문중 세계표(世系表)를 만드는 작업을 했다가 그 일이 계기가 되어 2004년부터 지금까지 문중 총무를 맡고 있습니다. 문중 재실을 덕송재라고 하는데, 재실 건물 앞으로 생활할 수 있는 집이 있거든요. 지금은 문중 일을 맡으면서 그곳에서 생활하고 있습니다.

김해김씨 삼현파 좌동 문중 역사가 지금으로부터 430년 됩니다. 나라에 큰일은 못 했지만 좌동 안에서는 주류를 이루었습니다.

좌동 문중이 400년 역사를 가지다 보니까 동네 인에서 주류를 이루었어요. 우리 입향조 할아버지는 김치봉 할아버지신데, 임진왜란 시기에 이 김치봉 할아버지 부친께서 창녕 우포늪 인근에 계셨어요. 그때 세 아들을 불러서 "얼마 지나지 않으면 나라에 전쟁이 일어날 것이다. 너희 형제들 모두 따로 떨어져서 살아라."라고 하셨어요. 그래서 우리 할아버지가 그 삼 형제 중 막내였는데, 여기로 오셔서 자리를 잡으셨어요. 여기에 오시기 전에는 사상 덕포에 잠시 계셨다고 합니다.

좌동 입향조 할아버지께서는 16살에 여기로 오셨어요. 그때 오셨으니까 김해김씨가 이 마을에 뿌리를 내린 역사가 약 430년 됩니다. 그 뒤로 세월이 흘러 지금은 16세손이 거주하고 있고, 좌동 문중은 280세대에 20세 이상이 400여 명으로 구성되어 있습니다.

입향조 할아버지를 모신 도산소는 지금 환경공단 뒤에 있습니다. 그 산을 지금은 신곡산이라고 부르는데, 예전에는 소나무가 많은 곳이라고 해서 송태산이라고 불렀습니다. 도산소가 있는 곳은 원래 문중 소유였는데 1970년대 나라에 징발되었죠. 문중의 아픈 땅입니다. 보상도 못 받고.

입향조 할아버지를 모신 도산소는 지금 환경공단 뒤에 있습니다. 원래 환경공단이 있는 산이 우리 문중 소유지입니다. 도산소가 있는 산을 옛 어르신들은 그 산을 소나무가 많은 산이라 해서 송태산이라고 불렀어요. 지금은 신곡산이라고 하는데 원래 그 산 이름은 송태산입니다. 덕송재의 송은 송태산에서 따온 겁니다.

송정으로 넘어가는 옛길에 폐 탄약창이 있잖습니까? 그 일대에 우리 문중 소유지였던 땅이 6천 평 정도였습니다. 문중 땅이 좌동

산 182번지 임야였는데, 1977년 2월 28일 징발되었습니다.

징발한 땅에 대한 보상이 제대로 이루어졌겠습니까? 징발은 강제 조항이거든요. 징발하면서 보상금을 현금으로 안 주고 몇 년 거치했다가 받는 방식으로 했어요. 그래서 우리가 안 받았습니다. 그런 문제가 있는 바람에 우리가 어려웠어요. 보상도 제대로 못 받고 국가 소유로 들어갔습니다. 그게 우리 문중의 아픈 땅입니다.

그래서 우리가 문중 산소가 있는 땅이니까 어떻게 합니까? 그래 합의해서 그 울타리 근처에 산소를 모셨습니다. 지금은 우리 땅이 아닙니다. 따지고 보면 우리 문중 땅인데, 아무리 법원에 올려도 못 찾습니다.

문중에서는 매해 정기적으로 문중 총회, 벌초, 시제를 지내고 있죠. 이 세 가지가 문중에서 제일 큰일입니다.

문중에서 가장 중요한 일이 매해 정기적으로 하는 총회, 벌초, 시제입니다. 우리 문중에는 재실이 있고, 400기를 모시는 납골당도 있고 문중 산소도 있는데, 산소 관리도 합니다. 장산 일대에 약 62기의 문중 묘가 있는데, 문중에서 다 관리합니다. 해마다 벌초하면 100명 이상 나와서 합니다. 20개로 조를 짜서 사람들이 조별로 함께 산소를 나누어 벌초합니다. 일 년에 정기총회, 벌초, 시제, 이 세 가지가 문중에서 제일 큰일입니다. 예전에는 시제를 신사(神祀)라고 불렀습니다.

우리 문중은 문중 재산이 탄탄합니다. 문중 전답이 있었거든요. 신도시 개발할 때 그 전답을 보상을 받아서 장안 쪽에다 땅도 사고 건물도 짓고 해서 단체 명의로 등록해놓았습니다. 그때는 단체 명의 등록이 가능했거든요.

그 이전에는 큰집에서 돈도 내고 어떤 집에서는 논을 내고 하다 보니 문중 재산이 된 겁니다. 문중에 오래된 두루마기 문서가 있는데, 그 문서에 제사 때 누가 얼마를 냈는지 다 기록되어 있어요. 그게 모여서 문중 재산이 된 겁니다. 문중 토지도 있고, 정기 예금도

좌 : 덕송재 내 사무실에서 업무를 보고 있는 김주찬
우 : 상산마고당제 제군으로 참여하여 제물을 정리하는 김주찬

있고, 문중 재산이 탄탄합니다. 우리 문중 1년 소득이 1억이 넘습니다. 문중 소유 건물 임대료 등을 합치면 그렇게 됩니다. 그래서 회계 관리가 철저합니다.

신도시가 들어서면서 좌동이 많이 변했지만, 토박이들이 조직되어 지금도 마을에서 지내오던 제사를 계승해 지내고 있습니다. 아직은 변함없이 좌동만의 문화가 살아 있습니다.

신도시는 조성할 때 주민들이 보상을 많이 받는 건 아닙니다. 그래도 보상금은 취득세나 양도소득세가 면제되니까 조금은 낫죠. 그때는 투기꾼들이 마을에 몰려들고 사기꾼들도 득실했습니다. 보상금 받은 사람 중에는 그걸 잘 활용했던 사람도 있고, 헛되게 쓴 사람도 있고, 사기를 당한 사람도 있고 그랬습니다.

신도시가 들어오면서 좌동이 많이 변했죠. 남아있는 토박이들이 '좌동향토문화보존사업회'를 결성해서 장산 마고당, 천제단, 산신단, 제석당 제사를 지금도 잇고 있고, '안씨위토답보존위원회'도 결성해서 안씨 할머니 제사도 지내고 있습니다. 저도 참여하고 있죠.

좌동향토문화보존사업회가 있는 건물은 이전에 광안리 쪽에 살았던 오씨 집안 문중 땅이었는데, 좌동에 그 땅 일부를 경로당 하라고 마을에 준 겁니다. 경로당이 이전에는 그곳에 있었어요. 그러다 신도시가 들어설 때 땅 일부가 도로에 편입되어서 남은 땅은 땅에 건물을 지은 건데, 그 건물은 좌동향토문화보존사업회 명의로

되어 있습니다. 회원들이 지금도 음력 1월 3일하고 6월 3일에 제사 지내고 있고요.

안씨위토답보존위원회에도 있습니다. 일제시대 때 안씨 할머니가 김녕김씨 집으로 시집을 갔던 분인데, 남편이 먼저 돌아가시고 난 뒤 슬하에 자식이 없이 아랫마실 쪽에서 주막거리를 했습니다. 집에서 주막거리를 했어요. 그러다가 저수지 올라가는 길목에 논을 사셨는데, 돌아가시기 전에 동네 어른 다섯 분께 그 논을 잘 운영해서 당신 제사를 지내달라고 했습니다. 안씨 할머니께서 생각이 넓으신 분이셨던 겁니다. 그렇게 해서 동네 어른 다섯 분이 안씨 할머니가 돌아가시자 산소를 쓰고, 그 땅에서 농사를 지어가 해마다 제사를 지냈습니다. 그 땅을 안씨할매 위토답이라고 했어요. 당시 다섯 어른이었던 김해김씨. 청도김씨, 여산송씨 덕구이씨 어른들로 명의이전을 했는데, 따지고 보면 그 땅이 동답이지요.

그렇게 쭉 내려오다가 일이 생긴 겁니다. 다섯 분 중 모 성씨 자손이 위토답 중 1/5를 팔아버렸어요. 나중에도 그런 문제가 생기면 위토답 재산이 산산조각이 나겠다고 해서 안씨위토답보존관리위원회를 만들고 위원회를 만든 목적이나 회원 자격 요건 등을 회칙에 담았습니다.

회원이 원래 59명입니다. 3월에 정기총회를 열고, 9월에 안씨 할머니 제사를 지냅니다. 이전에는 할머니 묘소가 장산에 있었는데, 정관으로 이장해서 지금은 정관으로 가서 제사를 지내고 있습니다.

　이제는 일을 물려줄 나이가 되었는데, 다음 일할 사람이 잘 안 나타나서 걱정입니다.

　제가 지금 맡은 일이 많습니다. 저를 믿고 일을 맡겨주는 것은 고마운 일인데, 제도 이제 나이가 드니까 힘겨울 때도 있습니다. 그리고 이제는 시대교체를 할 때도 되었고요. 그런데 일을 받아서 할 사람이 쉽게 안 나타나니까 그게 걱정입니다. 문중 행사도 준비해야 하고 회계도 해야 하고 일이 많거든요.

　다들 자기 일이 있으니까 문중 일을 병행하기가 쉽지는 않죠. 문중 일을 보는 경우는 실비는 문중에서 주는데, 수고비는 안 주거든요. 그러니까 누가 이 일을 고정적으로 맡아서 하기 쉽지 않습니다. 그래서 요즘 저는 후계자를 물색하는 게 제일 걱정입니다. 앞으로 잘 되겠죠.

4. 송민태(남, 1952)

좌동향토문화보존사업회 총무

지금 이 건물은 원래 경로당 건물입니다. 건물을 지어서 임대료로 상산마고당하고 제석당에 제사를 지냅니다.

여기 여산송씨, 김해김씨, 청도김씨 집성촌이었어요. 지금 여기 있는 여산송씨들은 조상 대대로 여기에 살았죠. 저도 그렇고. 여기 '좌동향토문화보존사업회' 사무실 자리에는 원래 마을 경로당 건물이었는데, 새로 이 건물을 지었습니다. 건물 위층을 임대해 그 수입금으로 제사도 지내고 장학금도 주고 합니다.

1년에 상산마고당하고 제석당에 제사를 두 번 모시거든요. 정월 초사흘하고 유월 초사흘에. 그러니까 경비가 많이 듭니다. 한 번 제사 지내는 데 300만 원 정도 들어요. 제물 준비하고 기타 필요한 물건도 사고, 제사에 참석하는 분들께 수고비도 드리고 하면 제사 경비는 보존사업회에서 전담합니다.

19년째 총무를 맡고 있는데, 쉬운 일은 아닙니다.

보존회 회원은 웃어른이 돌아가시면 그 후손이 회원 자격을 승

계받습니다. 제도 그렇게 부모님 대신해서 보존회에 가입했어요. 그때는 제가 다른 일을 하고 있을 때라 보존회 일을 맡으려고 생각을 안 하고 있었는데, 한번은 보존회에서 부모님 대신 회의에 참석하라고 해서 갔는데, 어르신들이 저보고 총무를 맡으라고 하시는 겁니다. 그때 제 나이가 50대니까 일을 맡아서 하기 좋은 나이였습니다. 어른들이 그걸 생각해 총무를 맡으라고 그렇게 말씀하시면 거절을 못 하죠. 어른들 말씀이니까. 그래서 총무를 맡게 된 게 지금 19년째 맡고 있습니다.

마을에서 내려온 전통을 이어가는 일은 의미 있는 일인데, 해야 하는 일이 많습니다.

회원들이 다 힘을 합해서 하는데, 제물도 종류가 많고 제당도 멀거든요. 요즘 차로 어느 정도까지 올라가기는 해도 제당까지는 산길을 걸어가니까 회원들이 배낭을 메고 제물을 옮깁니다. 날씨가 안 좋으면 여기 사무실에서 망제로 지냅니다. 제사 지내고 나면 제당에서 간단히 음복하고 제물을 사무실로 가져와 보존회 회원들이 함께 음복합니다. 이 사무실에서 제물도 만들고 때로는 제사도 지내고 합니다.

제사 지내기 전에는 1주일 전에 가서 청소하고 3일 전에 가서 확인하고 그럽니다. 예전에는 상산마고당에 무당들이 많이 와서 제당에 가면 주위에 돼지머리도 나딩굴고 있고 술 냄새로 나고 그

천제단에서 제관으로 제사를 주재하는 모습

렇습니다. 그렇게 못하도록 하는데도 그 사람들이 제당을 어지럽힐 때가 많아서 3일 전에 가서 확인합니다.

그리고 총무는 제사 지내는 준비는 물론 제사를 지낸 후 마무리도 하고, 결산도 해야 하고 사무실 관리도 해야 하고 일이 많습니다.

이제는 자리를 물려줄 때가 아닌가 합니다.

우리 보존회는 본동 사람들이 위주가 됩니다. 신도시 사람들은 이런 제사가 있는 걸 잘 모릅니다. 시대도 변하고 해서 요즘 제사 지낼 때는 좌동 사람들 모두 잘 되고 부산도 발전하기를 기원하면서 천신제 지낼 때 고천문을 올립니다. 제사는 제주가 맡아 술 올리고 축문 읽고, 제사에 참여한 사람은 뒤에서 예를 갖추고 있다가 절을 합니다. 천신제 모실 때 제가 제주를 맡으니까 고천문을 읽습니다. 이 제사는 본동 사람이 하지만, 제사를 모실 때는 부산 사람들이 모두 잘 되게 해달라고 빌고 합니다.

이제는 나이도 있고 해서 젊은 사람에게 물려줘야 하는데 보존회 회원들이 점점 고령화되다 보니 쉽지 않고, 젊은 사람들은 다들 바쁘니까 그것도 쉽지는 않습니다. 그래도 제 나름대로 생각해둔 바는 있습니다. 시대가 변하더라도 우리가 지켜가야 하니까, 젊은 사람들도 그 뜻을 따라 주리라 믿습니다.

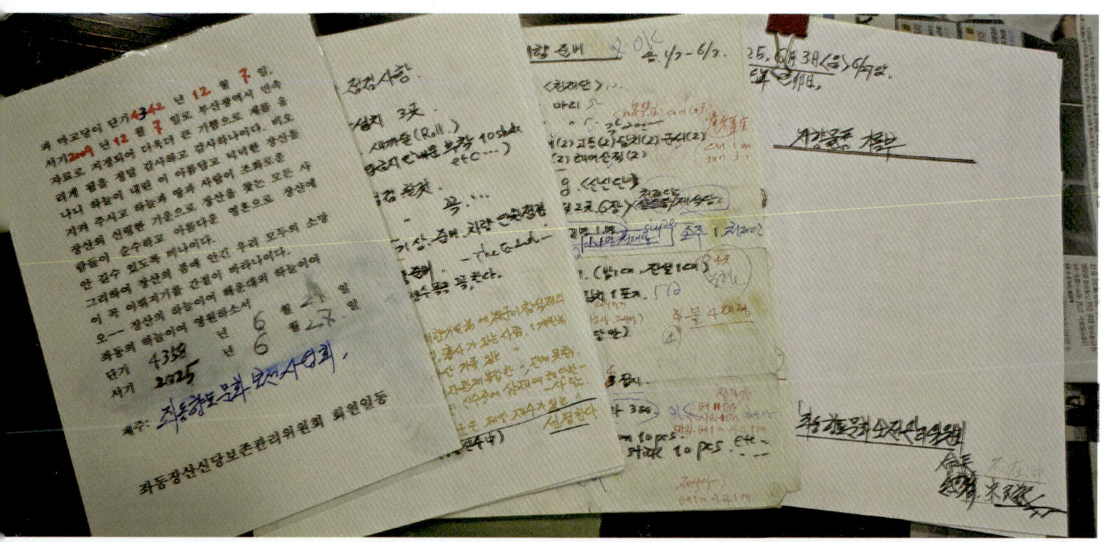

위 : 상산마고당 제사 관련 문건
아래 : 좌동향토문화보존사업회 사무실 내부

바라는 것은 달리 없고, 그저 동네 사람들이 우리 보존회 회원들이 전통을 이어나기 위해서 애쓰고 있다는 것만 알아주셨으면 좋겠습니다.

사실 힘듭니다. 제사를 지내는 날이 가장 추울 때와 가장 더울 때거든요. 새벽에 제사를 모시려면 여간 힘든 게 아닙니다. 보존회 회원들이 다 도와주니까 가능한데, 특히 제물을 나르고 제사를 도와주는 제군들이 고생을 많이 합니다. 우리가 이렇게 노력하는 것은 다 동네가 편안하고 자손들이 잘되도록 하는 거니까, 동네분들이 그걸 잘 알아줬으면 하는 바람입니다. 그리고 선대 어르신들이 해오신 우리 마을 전통문화도 함께 잘 계승해 나갔으면 좋겠습니다.

5. 강영숙 (여, 1954)

좌동향토문화보존사업회 회원
좌1동 동사무소 청소년지도위원장

좌동 탄약고 폭발 때 파편에 맞아 시아버님께서 돌아가셨어요. 그때 새실 마을에서 세 사람이 돌아가셨는데, 시아버님 초상 치를 때 부대에서 안남미 3되하고 단무지 한 통 보내왔답니다. 피해보상은 없었고

1952년도에 좌동 탄약고 폭발 사건이 있었잖습니까. 그때는 제가 태어나기 전이니까 알 수가 없었는데, 시집와서 알았죠. 시어머니께서 말씀해주셨어요.

그때 시어머니께서 30세이시고 시아버지께서는 39세였어요. 남편은 아직 태어나지 않고 시어머님 배 속에 있었을 때였는데, 논에서 일하고 계실 때 폭발이 일어났어요. 지금 삼성아파트 밑에 동신아파트가 있는데, 그 중간쯤에 있었던 탄약고에서 탄약이 폭발했다고 합니다.

지금 백병원 자리가 우리 집이 있었던 곳인데, 폭발했을 때 디른 마을에서는 사상자가 없었지만 새실에서는 세 사람이 돌아가셨어요. 우리 시아버지께서도 그때 돌아가셨고, 또 한 집에서는 젊은이 두 사람이 돌아가셨고요.

시어머님 말씀에 의하면 그 폭발이 자연 폭발이라고 합니다. 그때 탄약고를 미군이 관리했는데, 날이 너무 무더웠다고 합니다. 어머님 하시는 말씀이 폭발할 때 요즘 같으면 불꽃놀이 하듯이 파편이 튀더랍니다.

논에서 일하시다가 탄약고가 폭발했는데, 시아버님[예갑조]께서 조금 안일한 마음을 가지셨던지 막 달려서 도망을 가야 하는데, 가면서 뒤돌아보시고, 뒤돌아보시고 하다가 그 자리에서 파편을 맞으셨어요. 그래서 만삭이었던 시어머니께서 피투성이가 된 시아버님을 안고 논두렁으로 걸어서 나오셨다 하더라고요. 그때 시아버님께서 돌아가셨습니다.

친척이 없었으니까 누가 사고가 어떻게 났는지 어떻게 해야 하는지 알아봐 줄 사람도 없고. 시아버님께서 돌아가시고 초상을 치르는데, 그때 미군 부대에서 초상 치루라고 안남미 3되하고 단무지 한 통을 보내왔다고 합니다. 보상은 아무것도 없고 초상 치르라고 그것만 보냈다고 그래요. 그때 가족들 심정이 어떻겠습니까? 만삭에 갑작스러운 사고로 하루아침에 남편을 잃은 시어머님은 얼마나 힘드셨겠습니까? 짐작하기 힘들죠. 시어머님께서 남편을 잃었지만, 다른 집에서는 가족 두 사람을 동시에 잃었는데, 그래도 우리는 한 사람만 잃었다고. 그걸로 위안 삼았다고 하셨습니다.

폭발사고로 남편을 잃었던 시어머님께서는 정말 열심히 사셨어요. 유복자인 아들도 잘 키워내셨고요.

시아버님 돌아가시고 한 달 뒤에 남편[예형근]이 태어났는데, 아들이 태어나니까 시할머니께서 우리 갑조가 다시 살아났다고 좋아하셨답니다. 시아버님께서 돌아가셨으니까. 시어머니께서 남편을 낳은 지 1주일 만에 남편을 데리고 절에 가서 이름을 올리고 정말 열심히 사셨어요. 자식을 위해 기도도 많이 하셨고요.

혼자 사시면서 아무런 보상도 혜택도 없이 혼자 힘으로 사셨어요. 요즘 같으면 보상을 받았겠지요. 그래도 유복자인 남편을 잘 키우셔서 남편이 구의원 2대 때 구의원도 하고, 청년회 회장을 맡아서 마을 일도 하고 그랬습니다. 우리 땅에다가 어린이 놀이 시설도 마련하고, 꽃길도 만들고 했어요. 좌동의 발전을 위해서 일을 많이 했어요.

남편이 성인이 되면서 시아버님께서 돌아가시게 되었던 좌동 탄약고 폭발 사건에 대해 알아보려고 노력을 많이 했는데, 기록을 찾을 수 없었다 합니다.

친척들도 없다 보니 시아버님께서 탄약고 폭발로 돌아가셔도 누가 그 사정을 알아봐 줄 사람도 없었어요. 남편이 성인이 되고 나서 그 폭발 사건에 대해 알아보려고 했는데, 그에 대한 기록을 찾을 수 없더랍니다. 그때는 전쟁 때니까 미군들이 그 사건을 덮으면 그대로 끝인 겁니다. 그래서 남편이 늘 아쉬워했습니다.

1978년에 결혼하고 새실에 왔는데, 그때는 마을에서 농사짓고 돼지도 키웠고, 우리도 농사지으면서 돼지, 소, 개 다 키웠습니다. 돼지 키울 때는 부대 잔반, 해운대시장 음식점 잔반을 구해서 먹이고 했습니다.

1978년 1월 19일에 결혼하고 새실에 왔습니다. 남편은 학교 졸업하고 금성사에 재직했었는데, 그 회사가 창원으로 옮기게 되자 시어머님께서 유복자인 남편을 외지로 보낼 수 없다고 하셔서 남편이 1982년에 회사를 그만두고 농사를 지었습니다. 경지 정비라 안 되었기 때문에 80년대까지 소로 논을 갈고 했습니다.

군인들이 나락을 베거나 모심기할 때 도와주러 오곤 했습니다. 점심은 군에서 준비해오고 새참은 마을에서 준비하고 했는데, 농사를 안 지어 본 군인들은 낫질을 잘 못 하죠. 모심기할 때는 모를 거꾸로 심기도 하고 그랬어요. 농사짓기가 힘들죠.

그때는 마을에서 농사도 짓고 돼지도 키우고 할 때라 우리도 농사지으면서 돼지, 소, 개 다 키웠습니다. 돼지 키울 때는, 돈이 많이 없을 때라 사료를 많이 못 사 먹이니까 군부대에 잔반을 받아왔어요. 대신 군대에 회식할 때 돈을 얼마씩 줬어요. 공짜로 가져오지는 않았어요. 그리고 우리 남편은 오토바이 타고 다니면서 해운대 시장 통닭집에서 나오는 찌꺼기, 곰장어집에서 나오는 음식 찌꺼기를 걷어와서 집에 있는 보리쌀 조금 섞어 가마솥에 삶아요. 그걸 그냥 먹이면 탈이 나니까 가마솥에 끓여서 돼지도 주고 여물을 섞어서 소도 주고 개도 먹이고 그랬습니다.

새실에는 당산나무가 따로 있었는데, 당산나무가 얼마나 멋졌는지 모릅니다. 시어머님하고 제사를 지냈습니다. 신도시 개발될 때 당산나무를 베었는데, 남편은 그 나무를 못 지킨 것을 늘 안타깝게 여겼죠.

제가 시집왔을 때는 마을에서 당산나무에 제사를 안 지낼 땝니다. 이전에는 마을에서 제사를 지내다가 마을 어른들이 돌아가시고 하니까 자연스럽게 안 지내게 된 겁니다. 그래도 시어머님께서는 기도만 하고 사셨던 분이라 당산나무에 정성을 드리고 제사를 지냈으니까 저도 같이 시어머님하고 같이 제사를 지냈습니다.

우리 집에 두 사람이 손잡고 안을 만큼 아름드리 포구나무가 있었는데, 그 나무에도 시어머님께서 제사를 지내셨고요. 그때는 제가 젊고 하니까 투덜거리도 했습니다. 종갓집이라 매달 제사도 지내는데 당산나무에도 제사를 지내야 하니까. 한겨울에 제사를 지냈거든요. 그러니까 힘이 들었죠.

새실 당산나무는 소나무인데 한 둥치에서 여러 갈래가 올라와서 멋있었습니다. 나무가 너무 잘 생겼어요. 당산나무 옆에는 조그마한 제당도 있었고요. 당산나무는 백병원 앞 대원아파트 자리에 있었습니다. 신도시 개발될 때 남편이 당산나무를 살리려고 했는데, 나무가 아파트 동과 동 사이에 있었으면 살릴 수 있는데, 이파드 선불 들어설 자리에 포함되어 있어서 못 살렸죠. 살릴 방법이 없으니까. 그때는 당산나무를 다른 곳으로 옮겨심는 일도 쉽지 않았고. 그래서 남편이 그 나무를 지키지 못해 많이 안타까워했습니다.

좌동에서는 1980년대까지 쟁기로 농사짓기도 했다. [좌동향토문화보존사업회 소장]

　공사하면서 당산나무 벨 때 큰 구렁이가 나왔다는 말이 있었는데, 저는 못 봤고요. 건설업자가 막걸리를 한 잔 뿌린 다음에 베었다는 말만 들었습니다.

　종갓집이라 한 달에 한 번은 제사가 있는데, 제사 지내고 나면 동네 분들이 다 오십니다. 그때 어른들께서 "신발이 더럽거들랑 장수집에 가라. 장수집에서 씻어준다."라는 말씀을 하셨어요. 어른들이 식사하시러 오시면 신고 온 흰 고무신을 깨끗하게 씻어 드렸거든요. 새하얀 고무신들이 일렬로 세워져 있는 모습이 얼마나 보기가 좋던지요.

이전에는 동네에서 누구 집 제사가 언제인지 다 알고 있잖습니까. 제사 지낸 집에서는 제사 지낸 날 아침에 동네 사람들 모셔서 음식 대접을 하니까. 달력에 누구집 제사가 언제인지 표시도 해놓고 그랬어요.

종갓집이니까 한 달에 한 번씩은 제사가 있었거든요. 그러면 동네 분들이 집으로 오십니다. 그러니까 제사 음식도 하고 대접할 음식도 하고 많이 합니다. 튀김만 다섯 소쿠리 합니다. 음식 준비를 혼자서 그렇게 다 합니다. 일이 많죠. 그래서 동네에서 이 집 며느리 잘 봤다고 합니다.

동네 분들 오시면 밥을 다 차려 드리고는 식사하실 동안 동네 분들 고무신을 깨끗하게 씻어서 말린다고 일렬로 세워놔요. 그때는 하얀 고무신 신고 오시거든요. 짚을 부드럽게 해서 비누를 묻혀 씻어요. 그렇게 씻으면 신발 때가 잘 져요. 그렇게 깨끗하게 씻어서 하얀 고무신을 일렬로 늘어놓으면 너무 예쁘잖아요? 남편 예명이 장수거든요. 그러니까 마을 어른들께서 "신발이 더럽거들랑 장수집에 가라 장수집에서 씻어준다."라고 말씀하셨어요. 식사하시고 집으로 돌아가실 때는 떡도 사드리고 했죠.

좌동은 설움 받았던 마을이었죠. 새실은 부대 안에 있었기 때문에 특히 동세가 많았습니다. 살기가 힘들었죠. 마을에 출입하는 것도 허락받아야 하고 집수리도 마음대로 못 하고 했으니까.

좌동은 설움을 받았던 마을이었습니다. 군부대가 있어서 통제를 많이 받으니까 주민들이 살기가 힘들었죠. 그때는 지금 농협 건너편으로 철조망이 있었고, 군데군데 군인들의 초소도 있었고, 정문에는 큰 검문소가 있었고 그랬어요.

주민들도 통행증이 있어야 마을을 오갈 수 있었는데, 부대에 사령관이 왔다고 하면 사령관이 갈 때까지는 주민들이 마을에 못 들어갔어요. 부대에 비상이 걸렸다고 하면 출입증을 보여줘도 군대에서 자기들 일을 해결한 뒤에야 주민들이 마을에 들어갈 수 있어요. 그러니까 보내줄 때까지 밖에서 기다리는 겁니다. 아랫마을은 검문소 밖이니까 그런 일은 없어도 새실은 검문소 안에 있으니까 제약을 많이 받았어요. 군대에 일이 있으면 그 일이 끝나야 마을에 들어가게 하니까 주민들은 기다려야 하는 겁니다.

그 당시 새실에는 30호 정도 살았는데, 어려움은 말도 못 했죠. 집수리도 함부로 못 하니까 돼지 사료 포대 밑에 시멘트나 블록 숨겨서 마을로 가져와 조금씩 수리하고 그랬을 정도였으니까요.

통제를 많이 받고 살았으니까, 좌동에 신도시가 건설된다는 말이 났을 때 저는 신도시가 빨리 들어섰으면 좋겠다고 생각을 했어요.

부대가 장악하고 있으니까 부대 통제를 많이 받았죠. 시골보다 더 시골이었어요. 그러니까 좌동에 신도시가 건설된다는 말이 났을 때 저는 신도시가 빨리 들어섰으면 좋겠다고 생각을 했어요. 신도시가 들어서는 게 소원이었어요. 부대 통제를 안 받고 살 수 있으니까 그게 좋고. 너무 힘들게 살았으니까 생활도 조금 윤택해질 것 같은 기대감도 있었죠.

신도시로 개발되면서 주민들이 보상을 받았는데, 사실 땅을 가지고 있었던 주민들은 보상을 많이 못 받았어요.

신도시 건설할 때 부산시에서 땅을 다 매입해서 건설회사에 팔았어요. 돈을 어떻게 계산했냐 하면, 우리 경우는 집터는 평당 250만 원을 보상했는데, 집 뒤의 밭은 천 평인데 평당 50만 원밖에 안 줬어요. 논두렁이 많은 논은 그보다 더 적게 주고, 논두렁이 없는 큰 논은 55만 원 주고 했어요. 그러니까 보상을 많이 못 받았죠.

신도시 건설할 때 제척지에 살았던 사람들은 고생 많이 했습니다. 흙투성이에다가 생활도 취약했고, 그때 주민들이 데모도 많이 했어요. 저는 그때 땅바닥에 눕기까지도 했습니다.

제척지에 살았던 사람들은 고생 많았습니다. 사람들이 데모도 많이 했어요. 공사를 하려면 길을 먼저 내놓고 공사하는 차들이 다녀야 하는데, 길을 안 내고 흙길을 다니니까 동네가 흙투성이였어요. 먼지가 얼마나 나는지 몰라요. 생활하는데 너무 힘들었죠. 개발할 때 제척시를 배제 시키니까 정화조도 없고 가스도 안 들어왔으니까.

그래서 마을 사람들이 데모도 많이 했어요. 나도 그때 동참해서 땅바닥에 눕기까지 했어요. 그때 남편이 구의원 할 때라 사람들이 남편은 뒤에서 지휘하고 부인이 앞에 나선다는 말까지 듣기도 했어요. 그때 굉장히 힘들었어요.

그러다가 남편이 건설 소장들을 불러서 마을을 위해 새마을금고를 지어달라고 했어요. 그때는 좌동 사람들만 있어서 얼마 안 되었어요. 새마을금고 지어서 1층은 매장, 2층은 이사장사무실, 3층하고 4층은 독서실을 운영했어요. 몇 년 있다가 그 건물 팔고 지금 새마을금고를 지었습니다.

좌동향토문화보존사업회에서 상산마고당제, 천신제, 산신제, 제석당제 제사를 지내고 있는데, 저도 회원이니까 참여합니다. 마을 주민 대표로 참여할 수 있다는 것이 보람이죠.

좌동향토문화보존사업회에서 옛날부터 마을에서 지냈던 상산마고당제, 천시제, 산신제, 제석당제를 지내고 있습니다. 저도 참여합니다. 이전에는 제사 지내는 장산까지 갔었는데, 다리가 아픈 뒤로는 산에는 같이 못 가고 협회 사무실에서 제사 음식만 준비합니다. 마을 주민 대표로 제사에 참여할 수 있다는 게 보람이죠. 마을을 위해 지내는 제사니까요. 건강이 허락할 때까지는 참여할 생각입니다.

제사 음식은 제사 전날 합니다. 생선 10마리하고, 산적 5가지 합니다. 제사 지내는 곳에 따라 제물이 다르니까 그에 맞추어 제물을 준비합니다. 떡은 백설기하고 팥시루떡 두 가지를 하고. 천제단하고 산신단에는 생 소머리가 올라갑니다. 생 소머리를 배낭에 담아 가는데, 무게가 상당하니까 젊은 제군 두 사람이 매고 갔습니다. 다른 제물도 옮겨야 하니까 제군들이 10명 정도 함께 갑니다. 너무 힘들죠. 제사 지내는 날이 가장 추울 때하고 가장 더울 때니까 그래서 3, 4년 전부터는 소머리를 안 올리고 생 살코기로 대신합니다.

예전에는 마고당에서 밥을 했는데, 정월 제사 때는 날이 너무 추우니까 가스 불이 안 붙기도 하고, 스텐으로 만든 제기를 쓸 때는 제기에 손이 붙어버리기도 했어요. 그래서 이제는 밥을 제당에서 안 하고 밑에서 해서 가져갑니다.

저는 시대도 변했으니까, 제삿날은 날이 좋은 봄이나 가을로 옮겨서 한 해에 한 번 크게 지냈으면 좋겠다고 제안하고 있는데, 아직 어르신들은 전통대로 하시길 원하시니까 예전대로 지냅니다. 세대가 바뀌면 변화가 될지 알 수는 없지요.

신도시 조성되고 마을을 떠난 사람도 많지만, 여기 경로당에는 마을 어르신들이 계시죠. 서로 만나면 추억도 공유할 수 있어서 좋죠. 예전에는 살기는 어려웠어도 사람들이 순수하고 정도 많았습니다. 그 시절이 좋아서 시집와서 살면서 느꼈던 점을 '내 마음 속 해운대'라는 글에 담기도 했습니다.

신도시가 조성되고 마을을 떠난 사람도 많지요. 신도시 조성될 때 서로 헤어지지 말자고 좌동향인회를 결성해서 서로 만납니다.

모이면 옛날 일을 같이 회상하면서 이야기를 많이 나누죠. 슬펐던 일이나 힘들었던 일이나 즐거웠던 일이나 그 시절의 추억을 함께 공유할 수 있다는 게 좋죠. 이전에는 애들 돌잔치하면 동네 사람들이 다 모이거든요. 하루 내내 같이 지내니까 동네잔치가 됩니다. 그렇게 정을 나누고 살았어요. 그때는 이웃사촌이라는 말이 있듯이 다들 가족처럼 지냈어요. 다들 순박했고 정도 많았고.

제가 시집와서 살면서 보고 듣고 겪었던 일들을 '내마음 속 해운대'라는 글에 담은 적이 있어요. 신도시가 되면서는 삭막한 점도 있습니다만 함께 더불어 살아갈 수 있도록 서로 노력해야 하지 않을까 합니다. 저는 부녀회에 가입해 해마다 마을 어른들께 팥죽을 대접하고 있는데, 나름대로 보람도 있습니다. 건강이 허락하는 한 지역사회를 위해 봉사하는 일을 계속할 생각입니다.

마을 제사 음식을 준비했던 좌동향토문화보존사업회의 여성 회원들
[좌동향토문화보존협의회 제공]

6. 정민조(남, 1954)
좌동재래시장 좌동 토박이 상인

좌동에서는 예전에 다들 농사지었어요. 우리 어릴 때만 해도 그다지 형편이 좋지 않았어도 학교에 도시락 싸다니는 애들은 우리 동네 애들 뿐이었어요.

여기는 논농사 짓고 그다음에 보리, 옥수수, 밭농사 짓고, 호박도 심어서 사는 거죠. 밭농사 지은 거는 어머니들이 주로 걸어서 해운대 시장에 가서 팔았어요. 여기서 해운대 시장까지는 걸어서 40분 정도 걸리는데, 머리에 이고 그 길을 오가며 생활하셨습니다. 우리 동네는 비포장도로였고.

우리도 걸어서 해운대초등학교에 다녔어요. 제가 해운대초등학교 28회 졸업생인데, 초등학교 다닐 때 보면 도시락 못 가지고 오는 아이들이 많았어요. 도시락 싸가는 아이는 좌동 아이들 뿐이었어요. 여기는 농사를 지었기 때문에 도시락을 싸가죠. 그러면 학교 가서 도시락과 빵을 바꿔 먹고 그렇게 많이 했죠. 그때 옥수수빵을 먹었거든요. 학교 졸업할 때쯤 식빵이 나왔고.

우리 동네는 군사보호구역이었기 때문에 동네 구석구석에 검문소가 있었죠. 외부 사람이 동네에 들어오려면 그냥 못 들어옵니다. 검문소에 군인들이 보초를 서 있거든요. 그래서 검문소에서 신분을 확인하고 출입증을, 통행증을 받아서 들어왔어요. 그러니까 동네에 사는 사람도 그렇고 동네에 오는 사람도 다들 불편했습니다.

시장 있는 곳하고 그 주변이 신시가지 조성할 당시는 대우아파트 부지였는데, 보상이 안 되고 건설회사에서 부도가 나는 바람에 아파트를 짓지 못하고 남겨졌다가 상업지대로 바뀌었습니다. 그때 그 땅이 아파트로 개발되었으면 시장 일대도 지금과 달랐겠죠.

그래 그곳에 땅을 가지고 있던 몇 사람이 재래시장을 만들어 보자 해서 시장을 만들고 재래시장 허가를 받아서 지금의 좌동재래시장이 탄생한 겁니다. 지금 해운대구에서는 좌동재래시장이 제일 큰 시장입니다.

신시가지 조성하기 전에는 마을에 시장이 없었다가 신시가지 조성할 때 지금 대청공원 앞에 난전이 생겼어요. 사람들이 신시가지에 입주하기 시작하니까 그 사람들 대상으로 장사들이 모여들어 난전이 생긴 겁니다. 그때 좌동 할머니들도 거기 가서 농사지은 것을 팔기도 하시고 그랬어요.

그러다 좌동재래시장이 생겼습니다. 그러니까 경제적으로 여유가 있는 사람은 가게를 얻어서 장사하고, 경제적으로 힘든 사람은 대천공원 앞 난전에서 장사하고 그러다가 난전에서 장사하는 사람들도 우리 시장에서 장사하게 됐어요. 지금 시장 건물들 사이 도로가 원래 소방도로거든요. 거기에 난전에서 장사하는 분들을 수용해 장사하도록 했어요. 그러면 난전이 없어지니까 동네도 깨끗해지고 하니까. 그래서 이렇게 지금의 재래시장이 형성된 겁니다. 구청에서도 협조하고 해서 시장을 살렸죠.

시장 초창기는 장사했던 좌동 토박이들이 많았습니다. 지금 좌동 토박이는 저뿐이고 나머지 분들은 외부 사람들입니다. 수영 사시는 분도 계시고, 만덕에서 여기까지 장사하러 오시는 분도 계시고 그렇습니다

재래시장 상권이 점차 줄어들고 있죠. 그래서 상인들도 고객 유치하기 위해 노력 많이 하고 있습니다. 초장기에 상인들이 김치 담아서 어려우신 분들께 나눠드리기도 하고 노인들 초청해 식사도

대접하고 그랬습니다. 지금은 시장도 단장하고 경품 행사도 하고요.

한 10년 전부터 대형마트가 생기다 보니까 손님이 줄어들었어요. 특히 젊은 사람들이 대형마트로 몰리면서 재래시장에는 나이 많으신 분들만 오시는 겁니다. 그래서 제가 상인회 회장을 하기 전에는 현금 거래만 했었는데, 제가 상인회 회장을 맡으면서 시장에서도 카드 결제가 될 수 있도록 했습니다. 주차장도 만들었고요.

고객들의 편의를 위해 배달도 시도했는데, 재래시장은 그게 힘들어요. 배달하려면 차를 운행해야 하는데 그 운용 비용이 상당하니까 상인들이 감당하기가 쉽지 않습니다. 그래서 상인들 개개인이 할 수는 있어도 시장 전체를 그렇게 운영하기는 힘들어요.

시장 초창기에는 공연행사도 했습니다만, 주변 아파트 주민들이 소란스럽다고 민원을 넣고 하니까 중단하고, 대신 시장을 활성화하기 위해 경품 행사을 진행하고 있습니다. 1년에 한두 번 하니까 사람이 2~300명 정도는 오십니다.

시장상인회를 결성하고 상인회 회장을 맡았는데, 저는 상인이 갖추어야 할 가장 중요한 덕목이 친절이라 생각해서 친절 교육도 많이 했습니다.

상인회는 노동조합이거든요. 상인의 어려움도 함께 해결하고 시장도 함께 관리해나가는 겁니다. 제가 상인회를 만들었어요. 초기에는 친절하자, 친절이 최고다는 걸 강조 많이 했습니다. 그래야 그 손님이 한 번 더 오고 싶고 그렇지, 손님을 기분 나쁘게 하면 다시 안 오거든요. 서로 기분 좋게 거래하고 시장에 웃음꽃이 피면 얼마나 좋습니까? 그런 시장을 만들도록 상인들이 노력해야죠. 그게 제일 중요한 덕목입니다.

요즘은 개를 끌고 시장에 오시는 분도 계시거든요. 그러면 짜증을 내는 분도 계시지만, 저는 집사람한테 우리가 파는 족발을 개가 먹을 수 있다면 그 개한테 한 토막 주라고 합니다. 서로 정도 나누게 되면 친밀감이 쌓이게 되고 그러면 그 손님이 다시 찾아오고 그렇게 되거든요. 그게 재래시장에서만 가능한 상인과 고객 간의 관계니까 그 관계를 잘 이끌어야 시장이 산다고 보는 겁니다.

좌동재래시장에는 좌동뿐 아니라 우동, 중동에서도 오시거든요. 그런데 버스 노선이 없어서 안타깝습니다.

좌동재래시장이 많이 알려져서 우동, 중동을 비롯해 다른 지역에 사시는 분들도 오시거든요. 그런데 시장 앞에 서는 버스 노선이 없어서 안타깝습니다. 시장 앞으로 마을버스 정류소도 없습니다. 버스 노선이 있으면 시장 보시는 분들이 편하고 좋지 않습니까? 그러면 시장도 활성화되고. 그래서 지금의 버스 노선을 시장을 경유할 수 있도록 바꾸려고 애를 많이 썼는데, 그게 참 힘들더라고요.

좌동에 신시가지가 조성된 후에도 좌동 토박이들의 모임이 있어서 지금도 서로 교류합니다.

좌동재래시장 내 정민조 부부가 함께 운영하는 가게

　　좌동에 신시가지가 조성될 때, 마을에 개발되면 서로 헤어져야 하니까 아쉽잖아요? 그래서 우리 헤어지지 말고 한 달에 한 번씩이라도 만나자고 해서 좌동향인회를 만들었어요. 처음에는 회원이 100명이 넘었죠. 그때는 향인회 행사하면 부부가 같이 오니까 사람들이 많았어요. 그런데 세월이 흐르다 보니까 어르신 중에 돌아가신 분도 많고, 젊은 사람들은 다른 지역에서 사니까 향인회에 들지 않는 사람도 있고 해서 지금은 회원 수가 많이 줄었습니다. 부모님이 돌아가시면 자식들이 향인회에 가입해야 되는데 가입하는 수가 적으니까 그렇게 되었는데, 그래도 도시에서 이런 향인회가 오래도록 지속되고 있는 곳이 우리 말고는 없지 않을까 싶네요.

　　향인회 회원 중에는 '안씨위토답보존관리위원회' 회원을 겸하는 이들도 있습니다. 저도 그렇고요. 이 모임에서는 매월 9월 9일에 안씨 할머니 묘에 가서 제사를 지냅니다. 이전에는 안씨 할머니 묘가 장산에 있었지만, 이제는 정관으로 묘를 이전했기에 회원들이 버스를 타고 가서 합동으로 제사를 지내고 돌아옵니다. 제사 음식은 회원들이 음복하지만, 마을 어른들이 계시는 좌동경로당에 가져다드리기도 합니다.

모임이 아니더라도 예전에 함께 살았던 이웃들이 종종 가게에 찾아와 서로 안부를 묻기도 합니다.

예전에는 지금과 달리 동네 사람들이 가족처럼 지냈잖아요. 호칭도 서로 형님, 누나, 동생, 이모, 삼촌 이렇게 불렀잖아요. 꼭 친척 관계가 아니더라도. 그분들이 가게에 자주 찾아오면 여전히 서로 그렇게 부르면 안부를 묻고 그러죠. 삼촌하고 부르면서 가게에 들러 안부를 묻고 서로 이야기하면 정겹죠. 마을은 사라졌지만, 여전히 좌동 사람들은 그렇게들 정을 나누며 함께 더불어 살아가고 있어 좋습니다.

6. 송귀동(남, 1956)

좌동재래시장 대표

좌동에 여산송씨들이 많이 살았어요.

여기 여산송씨들이 대대로 많이 사셨어요. 400년 역사는 됩니다. 아버님께서 세무 공무원이셨는데, 일찍 돌아가시고 어머니께서 농사짓고 했어요. 우리 어릴 때는 좌동에 들어가려 하면 저 밑에서 통과증이라고 있었어요. 외부 사람이 마을에 들어오려면 통과증을 보여줘야 올 수 있었어요. 우리 아버님은 공무원이 옛날에 세무 공무원이었는데 하필 제가 어릴 때 돌아가셨어요. 그러니까 어머니께서 농사를 지어서 생활하고 그랬죠. 그때 여기는 다들 농사짓고 살았어요.

어릴 때는 다 그렇게 사는 줄 아니까 힘든 줄은 모르고. 저수지에 가서도 놀고 바닷가 가서도 놀고 그랬죠.

어릴 때는 다 그렇게 사는 줄 아니까 힘든 줄 몰랐어요. 동네 친구들이랑 저수지에 멱도 감고 같이 학교 다니고. 지금 대동 아파트 거기에 예전에 큰 저수지가 있었어요. 여름 되면 거기 가서 수영도 하고, 폭포사 입구에 지금 대천공원 있는데 가서도 놀고, 30분 정

도 걸어가면 해운대 바닷가에 갈 수 있으니까 애들이 모여서 바닷
가 가서 놀고 그랬죠.

여기는 해운대초등학교 중학교는 수영중학교 많이 갔어요. 그때
우리가 수영중학교를 물중이라 했어요. 수영을 물에서 하니까. 그
렇게 별명 삼아 그렇게 불렀어요. 고등학교는 당시는 시험 치고 갈
때니까 제각기 흩어져 다니고.

**81년도에 서울로 가 직장 생활도 하고 사업도 하고 지내다가 신
도시 개발할 때 내려왔는데, 당시 제척지는 개발에서 제외됐으니
까 생활기반시설이 열악했어요.**

20대 초반에 이제 서울로 가서 거기서 직장 생활하고 제가 또 거
기서 또 사업도 하고, 결혼해서 애들도 거기서 했는데, 지금 좌동
재래시장 거기가 우리 땅이었어요. 서울로 올라갈 때만 해도 그곳
이 딸기밭이고 그랬는데. 신도시 개발할 때 어머니께서는 좌동에
계셨죠. 그때 동네 후배 한 명이 "형님 서울에 그렇게 있지 말고 동
네가 개발되니까 우리 본동 개발시켜달라"고 해요. 당시에 지금
좌동재래시장 일대는 개발에서 제외된 제척지죠. 그러니까 제척지
주민들은 옛날 그대로 사는 거예요.

제척지가 말 그대로 개발이 안 되니까 지저분하잖아요. 개발이
안 되고 그러니까. 제척지에 사는 본토 주민들이 불만이 많지요.
이제 굴러온 돌이 박힌 돌 빼듯이 원래 살았던 주민들을 소외시키
니까요. 하수도라든지 무슨 도시가스라든지 이게 다 들어와야 하

는데 제척지만 빼버리니까 위험하게 일반 가스만 사용할 수밖에 없고, 정화조 만들어도 하수도에 연결을 안 시켜주고 그러니까 민원이 많지 않겠어요? 그러니까 주민들 불만이 많았죠. 그때 내려와서 그거 개선하려고 항의도 하고 애 많이 썼어요.

좌동에 내려올 때 어떻게 할 것인가 고민하고 여기저기 알아보다가 재래시장 만들 계획을 세웠죠. 사전에 연구도 많이 하고 준비도 많이 해서 내려왔죠.

어머니도 여기 계시고 하니까 서울에서 하던 일을 접고 어떻게 할 것인가 여기저기 전문가들도 만나면서 알아보고 가능성도 타진해보고 해서 신도시 중심부니까 재래시장을 만들면 좋겠다 하고 계획을 세웠어요. 전문가들은 가능성 있다고 보죠. 그래도 주변에서 말리는 사람도 있죠. 다들 아이들 교육 때문이라도 서울로 가려고 하는데, 저는 반대로 식구들 데리고 내려가겠다고 하니까. 그래서 계획을 치밀하게 세우고 집사람 동의도 얻고 해서 식구들이 다 같이 내려왔어요.

다들 재래시장 짓는다고 했을 때 신도시에서 누가 재래시장에 가겠느냐고 우려들 많이 했어요. 그래도 나는 '신도시 주민의 밥상을 책임지는 시장' 그렇게 재래시장을 만들겠다고 생각하고 내려와서 1년간 준비했어요.

좌동재래시장 입구

　재래시장은 글자 그대로 재래시장다운 맛이 있어야 된다고 생각했어요. 그래서 재래시장 만들 때부터 생각한 슬로건이 뭐냐면 '신도시 주민의 밥상을 책임지는 시장'입니다.

　마침 시장 만들려고 했던 곳에 땅을 가진 두 사람이 부모님께 물려받은 땅을 안 팔고 그대로 갖고 있어요. 그래서 그 두 사람을 설득시키는데 내가 1년이 걸렸어요. 신설 시장은 아무리 잘 만들어도 자리 잡는 데 최소 7년 이상 필요합니다. 일이라는 것이 다 과정이 필요하죠.

　그런데 시장 짓고 처음에 잘 안되니까 주변에서 해운대 시장도 장사가 안돼서 문 닫을 판인데 시장을 한다고 난리였어요. 젊은 사람들이 대형마트에 가지 누가 재래시장에 오냐며. 그러니까 어머니께서 걱정을 많이 하셨어요. 어머니께서 경로당 가시면 할머니

250

들이 너의 집 망한다는 소문이 났다고 하고, 아들이 서울에 가서 똑똑한 줄 알았더니만 무모하게 일을 벌였다고 하니까, 어머니께서 경로당에 못 가시겠다고 하시는 거예요. 주변에서 걱정되는 말만 하니까. 그래 시장 일 볼 때 어머니께서 같이 오셔서 앉아계시고 집에 갈 때 모시고 가고 그랬어요. 시장이 잘 될 때 보고 가셨으면 좋았을 텐데 힘들 때 돌아가셔서 마음이 아프죠.

그러다가 시장이 잘 되니까 시장 주변에 땅 가진 사람들도 생각이 변해서 같이 하고 싶어 했죠. 그러니까 시장도 커지고 그랬습니다.

재래시장 만들 때 IMF로 직장을 잃은 젊은 사람들이 장사해보겠다고 많이 찾아 왔어요. 그분들이 정말 열심히 하셨어요.

그 당시에 상인들이 30대 후반이 많았어요. IMF로 실직한 분들이 재기해보려고 여기 많이 왔어요. 그분들을 다 받아들이니까 젊은 시장이 됐어요. 이분들이 생계를 꾸리기 위해 죽기 살기로 노력했어요. 밤잠 안 자고 좋은 물건 있으면 뛰어가서 구해오고. 그러다 보니까 시장 물건 좋다고 입소문도 나고, 신도시 주민들이 좋아하는 시장이 됐어요.

본동 재래시장으로 문을 열었는데, 시장 이름에 불만을 가진 주민들도 있고 해서 좌동재래시장으로 이름을 바꿨어요.

위 : 시장 홍보
아래 : 시장 운영회의

처음에 제가 시장 이름 지을 때 본동 재래시장이라고 했어요. 시장 있는 자리가 이전에 중간마을이라고 해서 좌동의 본동이었거든요. 그래서 본동에 있는 시장이라는 의미로 그렇게 지었는데, 부녀회라든지 부녀자분들이 왜 본동이냐고, 본동 사람들만 가는 시장이냐고 그래요. 이름을 지은 이유는 그게 아니었는데, 받아들이는 고객은 그렇게도 받아들인 거예요. 그래서 제가 실수했구나 싶어서 이름을 좌동재래시장으로 바꿨어요.

신도시 들어서면서 지금 대천공원 있는 자리에 난전이 형성되어 있었어요. 시에서는 난전을 없애려고 하고 그분들은 장사를 계속하려고 하고 분쟁이 많았어요. 그래서 그분들도 좌동재래시장에서 장사하실 수 있도록 했어요. 그러다가 새벽시장도 열게 하고.

전국 노점상 협회 조직이 큽니다. 그러니까 난전에서 장사하는 분들과 시하고 분쟁이 있어요. 시에서는 민원이 들어오니까 강제 철거하려고 하고 그분들은 계속 장사하려고 하고. 그래서 내가 그분들하고 설득하고 협상해서 시장에 난전을 만들어서 장사하도록 했어요.

시에서는 난전 강제 철거 들어가고 난전 사람들은 반발하고 시끄러웠어요. 그분들 꽹과리 치고 깃발 들고 신도시 돌고 구청 앞에 가서 데모하고 난리가 났어요. 갈등이 샘했죠. 그래서 내가 그 조직을 계속 설득을 시켜서 우리 시장에서 장사하도록 했어요. 시장

중앙 통로는 개인 땅이니까 가능했죠. 그래서 우리 시장은 상점도 있고 난전도 있고 재래시장 모습을 갖춘 거지요.

예전에 교육청 자리에 난전이 있었는데, 건물이 들어서고 하다 보니까 그분들이 갈 데가 없어졌어요. 그래 내가 이제 시장 골목 옆으로 새벽에만 잠깐 열수 있는 새벽 시장을 개설해 줬어요. 그분들은 장사하고 우리는 시장 인지도를 높이는 광고 효과도 있다고 봤어요. 여기 신시가지의 시장들도 이렇게 저렇게 사연을 가지고 흘러오다 지금 이렇게 정착된 겁니다.

노력도 많이 했지만, 재래시장을 활성화하려는 정부 시책도 때마침 있었고 해서 운 좋게 지역의 재래시장으로 자리 잡았어요. 좌동재래시장이 제 자부심이라면 자부심이죠.

좌동재래시장은 지역 시장 아닙니까? 그렇죠 부산시 전체를 커버하는 게 아니고 지역을 커버하는 시장이지만, 시장 만들 때 내가 전국적으로 좌동재래시장 이미지를 부각할 수 있도록 해야겠다고 생각했어요. 지역마다 대표적인 홍보 거리가 있듯이. 좌동재래시장도 그렇게 자리 잡을 수 있으면 좋겠다는 생각에 홍보도 하고 행사도 하고 그랬어요.

편리한 걸 추구하는 사람도 있지만, 각박한 세상에서 서로 정감을 나누고 사람 냄새가 나는 시장을 좋아하는 사람들도 많죠. 우리 재래시장이 꼭 물건만 사고파는 곳이 아니거든요. 서로 소통하고 함께 나누는 문화가 있었죠. 온라인 장터에 밀려 골목 재래시장이 점점 사라져가고 있잖아요. 재래시장은 오래된 미래 같은 공간입니다. 그래서 우리 시장을 상징적인 공간으로 만들고 싶었어요. 시장 상권이 옛날 같지는 않지만 그렇게 될 수 있도록 노력해야죠.

8. 이부돌(남, 1957)

(사)장산마을발전협의회 회장

좌동 토박이로 중간 마실에서 살았습니다. 좌동 탄약고 폭발 사건은 어머니께 들었습니다. 그때 우리 식구들은 보름 동안 피난 갔다가 왔는데, 그 당시 마을에 도둑들이 들어와서 도둑질을 많이 해 갔다고.

우리 마을에는 김해김씨가 가장 많았고, 그다음에 여산송씨, 청도김씨, 김녕김씨도 많았습니다. 저는 영천이씨인데 영천이씨는 그렇게 많이 안 살았습니다.

좌동 탄약고 폭발 때는 내가 태어나기 전인데, 어머니 말씀을 들어보면 그때 우리 식구들은 보름 동안 피난 갔다가 왔다고 그래요. 피난 갔다가 집에 돌아왔는데, 그때는 마을 사람들이 피난 갔고 하니까 다 빈집이잖아요. 그러니까 도둑들이 들어와서 도둑질을 많이 해갔다고 그럽니다. 방에 용변을 보고 간 도둑도 있고. 그때 마을 사람들이 피해를 많이 봐도 보상이나 지원이 하나도 없었딥니다. 그냥 주민들이 스스로 알아서 복구해 살고 그랬죠.

마을에 군부대가 들어와서 땅이 징발된 사람들이 많아도, 보상금도 제대로 못 받았습니다. 이제는 보상을 받을 길이 없죠.

부대가 있을 때는 지금 농협 건물 앞 건너편에 철조망이 다 쳐졌는데, 그곳에 우리 땅 170평 정도가 징발되었어요. 한국전쟁 끝나고도 군대가 주둔했기 때문에 땅을 징발했습니다. 군에서 필요한 땅은 땅 주인 동의도 없이 그냥 징발했습니다. 1972년도인가 1975년인가 그해를 넘기면 국방부에서 징발한 땅에 대한 보상을 안 해도 되는 겁니다. 그 기간이 보상받을 수 있는 마지막 단계인데, 보상금 못 받았어요. 우리는 지금 백병원 위에 있었던 땅도 징발되었는데 그 땅도 보상을 한 푼도 못 받았어요. 이제는 끝난 거지요.

이전에는 좌동 땅이 해운대 땅보다 비쌌고, 농사를 지으니까 살기는 더 나았죠.

여기는 논이 많았습니다. 사람들이 거주하는 집터에는 밭이나 논이 조금씩 있어도 그 주위로는 전부 논이었습니다. 상답이라고 물이 내려오는 쪽의 논은 비쌌습니다. 우리 어릴 때는 해운대 전화국이 있는 쪽은 전부 갈대밭이었어요. 이전에는 좌동 땅이 해운대 땅보다 비쌌죠.

장산은 물산이라고 해서 물이 많은데, 마을에는 물이 귀했어요. 그래서 논농사 지을 때는 저수지를 만들어 농수로 썼는데, 이전에 저수지가 여러 곳 있었습니다. 지금 대림2차아파트하고 대동아파트 위로 좌동의 원 저수지가 있었고, 청사포 가는 쪽에도 저수지가 있었어요. 부대 위에 예비군 중대 건물 오른쪽에 물망골이 있었는데 그곳에도 저수지가 있었습니다. 홍골 저수지도 있었고.

여기하고 주변 마을에서는 다들 해운대초등학교 다녔거든요. 해운대초등학교 동창들 모임이 기수 따라 있는데, 31회 졸업생은 물망골회라고 하고 그 밑에 기수는 홍골회라고 했습니다. 지명을 따서 그렇게 불렀습니다.

학교 다닐 때 학교에 가면 급식을 한 번도 못 타 먹었습니다. 우리는 농사짓는다고. 도시락 못 가지고 오는 아이들이 많았는데, 우리는 농사를 지으니까 도시락을 다 싸가니까.

우리 기수 중에는 설운도가 유명해졌죠. 본명은 이영춘이거든요. 그때는 가난했을 때니까 같이 해운대 백사장에 가서 모래사장에 두고 간 술병을 주워서 고물상에 가서 팔아 간식도 사 먹고 그랬습니다.

여기는 우리 어릴 때 오염이 안 되었던 곳이라 하천에 물고기들이 많았습니다. 그곳에서 어렵지 않게 물고기도 잡고 그랬는데, 부심덤에는 중태기도 살았어요.

폭포사 계곡은 물이 맑아서 은어, 중태기, 미꾸라지가 많았습니다. 여기 수달도 많이 올라왔습니다. 지금 백병원이 있는 인근 골짜기를 부심딤이라고 하는데, 지금은 멸종되었지만 부심덤에 중태기가 많았어요. 비가 올 때 쪽대 가지고 중태기 잡으러 가면 금방 한 바케스 잡았어요. 그런데 중태기가 성질이 급해서 산소가 없으면 못 살아요. 물에서 나오면 못 살아요. 잡아서 바케스에 담잖아요? 주둥이만 나와도 즉시 죽어버려요. 그러면 고기를 버려야 되는데, 중태기를 볶아서 먹으면 맛이 얼마나 좋은지 모릅니다. 최고의 맛이죠.

장산에서 나는 물은 많아도 장산에서 내려오는 물이 양쪽으로 빠져나가니까, 마을에는 물이 귀했습니다. 마을에 우물이 2개 밖에 없었어요.

상수도가 들어오기 전까지는 폭포사 아래에 상수관을 설치해서 그 물을 먹고 살았거든요. 마을에는 물이 귀했습니다. 왜 그랬냐면 지금 화목아파트 앞에 있었던 개울하고 폭포사 앞 개울이 지대가 낮거든요. 그러니까 위에서 내려오는 물이 양쪽으로 빠져나가니까 좌동에는 물이 없었어요.

그래서 대천 상류에 있는 대천마을에는 우물이 많았지만, 여기는 마을에 우물이 2개 밖에 없었습니다. 윗마실에는 지금 좌동재래시장에 생선 파는 곳에 우물이 있었고. 당시 해운대 여성병원 자리의 물이 최고거든요. 주민들이 거기서 빨래도 하고 물도 길어 먹고 했습니다. 그곳을 한덕거랑, 한덕꼬랑이라고 불렀습니다. 큰 거랑이라는 의미죠.

여기 탄피가 많았으니까 유년 시절에는 탄피 주워서 고물상에 팔아 엿도 사 먹고 친구들하고 극장에도 가고 그랬죠. 송정까지는

철길을 걸어서 많이 다녔고.

제가 있을 때는 새실에 탄약창 5288부대하고 교육대가 있었어요. 그때 지금 53사단은 다른 데 있다가 여기로 온 거고요. 당시에는 공군 대대가 있어서 잠자리 눈알이라고 불렀던 미사일이 두 기가 있었습니다.

유년 시절에는 탄약 파편을 주워서 고물 장수가 오면 엿으로 바꿔 먹고, 고물상에 팔아서 저기 교통부에 있는 보림극장[보영창고]에 영화 보러 가고 그랬습니다. 우리 클 때는 고물상이 많았거든요.

친구들하고 노는 거야 자치기하고, 소 먹이러 가서 놀고 그랬죠. 조금 더 컸을 때는 송정에 갈 때 철길로 많이 걸어 다녔습니다. 가다가 밭에서 고구마도 캐 먹고, 옥수수도 따서 먹고, 수박 서리도 해서 먹고 그랬고. 그때는 철길로 많이 걸어 다녔는데, 철길이 위험했습니다. 비가 많이 오면 열차가 와도 잘 보이지 않거든요. 그러니까 인명 사고가 발생하기도 했습니다. 아는 친구 중에도 비가 올 때 열차가 달려오는 걸 못 봐서 철길을 걷다가 한 명이 죽었습니다.

춘천이 강폭이 넓었어요. 비가 오면은 죽을 줄도 모르고 수박하고 참외를 강에 넣어 두었다가 먹고 그랬습니다. 참외는 일주일 동안 놔두고 먹어도 되거든요. 제가 고등학교 시절이죠.

집집이 돌담이었습니다. 그 돌담이 없어지기 시작할 때가 1970년대 이후부터죠. 그때 돌담 돌이 인근 청사포에서 미역 양식을 시작하면서 그쪽으로 많이 팔려 갔어요.

좌동에는 돌이 많았고, 그때는 집집이 다 돌담이었습니다. 그런데 우리 마을에 돌이 왜 없어졌냐면, 청사포에 미역 양식을 시작했는데, 미역 양식을 할 때는 미역씨를 감은 줄을 고정할 수 있는 돌이 필요합니다. 돌을 그물망에 넣어서 양식줄과 연결해 고정하거든요. 그때 청사포에서 좌동 돌을 많이 가져갔는데, 우리 동네에 돌을 수거해서 청사포에 파는 알선자가 있었어요. 타이탄 트럭 한 차에 얼마씩 값을 정해서 그 돈을 받고 파는 겁니다. 아마도 좌동 돌 90%가 청사포 바다 밑으로 다 들어가 있을 겁니다.

1970년대 중반부터는 마을에서 돼지도 많이 키웠죠. 그 뒤로 가내공업으로 하는 가구공장이 많이 들어왔습니다. 신도시 조성되기 전까지 외지인들이 하는 가구공장들이 있었습니다.

1975년도 그즈음으로 마을에 돼지도 많이 키웠습니다. 그전에는 주로 농사만 지었고요. 돼지를 많이 키우니까 동네가 그렇죠. 가축을 사육하면 아무래도 폐수가 발생하는데, 그 폐수가 춘천으로 흘러 들어가니까 오염된다고 단속을 많이 했습니다. 돼지 키우고 하니까 강에 참게가 없어지더라고요. 물이 탁하게 되니까. 그 뒤에 돼지사육을 중단하니까 다시 참게가 있고요.

그러다가 외지인들이 가내공업으로 하는 가구공장이 많이 들어 왔습니다. 그때 합판으로 가구를 만들었을 땐데, 큰 공장은 아니고 하우스 지어서 가구 만드는 공장들이 많았습니다. 지금 좌동재래 시장 근처에 가구공장이 많았죠. 가구공장은 신도시 조성되기 전까지 외지인들이 하는 가구공장이 있었습니다.

좌동 신시가지 조상할 때 제척지에 살았던 사람들 고생 많이 했습니다. 길도 없이 흙먼지에 살았습니다. 생활기반시설도 열악했고. 외지에서 온 투기꾼도 많았고요.

개발하는 땅이 100만 평이 되면 관리권이 시에서 갖는 것이 아니고 중앙정부에서 가지니까, 신시가지 조성할 때 개발지는 98만 평으로 줄였어요. 그러니까 2만 평은 제척지가 되었어요. 나중에 제척지는 보상도 많이 받고 했지만, 신도시가 다 조성될 때까지 제척지에 살았던 사람들은 고생이 말도 못 했습니다. 그래도 어쩔 수 없으니까 감수하고 살았어요. 그때는 농사만 짓고 사는 겁니다.

5번 하고 100번 버스가 다녔는데 그때는 아스팔트가 없었어요. 도로도 제대로 없고 다 흙길이니까 공사하는 차가 다니면 흙먼지가 얼마나 나는지, 사람들이 흙먼지 속에서 살았습니다. 그러다 아파트 들어오고 나니까 도로망이 어느 정도 조성되었죠. 그때 제가 청년회 활동할 때거든요. 그때는 주민들이 데모할 줄도 모르고. 청년회 기금을 받은 것밖에 없었어요. 그래서 청년회 기금으로 물차를 구해서 곳곳에 물을 뿌리고 그랬습니다.

생활기반시설도 열악했습니다. 가스도 안 들어오고 정화조도 없었어요. 지금도 제척지에는 지역난방이 안 들어옵니다. 당시는 마을 주민들이 농사만 짓고 살았으니까 보상을 받는 길도 잘 몰랐어요. 지금 같으면 체계적으로 대응해서 보상도 요구하고 그랬을 것 같은데, 그때는 사람들이 순박하다 보니까 그냥 그렇게 견디며 사는 거죠.

실제 주민 중에는 보상금을 많이 받은 사람은 많이 없었습니다. 보상금이 많지 않았습니다. 집하고 전답하고 보상금이 달랐거든요. 골짜기에 있는 땅은 당시 평당 20~30만 원밖에 못 받았어요.

신도시 들어서고 마을을 떠난 사람이 많죠. 대체로 그 집안의 장남이 지금까지 남아있는 사람이 많습니다. 지금 좌동 토박이들 모임도 있습니다.

신도시 들어서고 마을을 떠난 사람들이 많습니다. 대체로 그 집안의 장남이나 막내들이 많이 남아 있죠. 다른 형제들은 외지로 나가 사는 경우가 많고. 신도시 들어설 때 헤어져 살아도 서로 잊지 말고 만나자고 해서 좌동향인회를 결성해서 서로 만납니다. 지금은 어르신들이 많이 돌아가셨지만 그래도 남은 사람들은 변함없이 만나고 서로 안부도 묻고 합니다. 요즘은 선후배들이 옛날에 같이 살았을 때 찍은 사진을 핸드폰에 많이 올려줍니다. 함께 했던 추억을 서로 나눌 수 있으니까 좋죠. 옛날 생각도 나고.

자동향인회 단합대회 [이부롤 세싱]

2025년 사)장산마을발전협의회 주관 장산마을 정화작업 후
회원들과 환담하는 이부돌 [손웅희 제공]

신도시 개발되고 나서 살기는 편해졌는데, 나이가 들어갈수록 예전이 좋았다는 생각이 많이 듭니다. 그때는 생활이 힘들었지만 서로 정을 나누고 살았기에 삶의 질은 더 좋았는데, 지금은 세월이 바뀌고 하니까 예전에 이웃들이 더불어 살았던 모습이 없어졌습니다.

오래전부터 노후 생활을 위해 장산마을에 집을 마련하고 텃밭도 가꾸고 있습니다. 그러다 보니 장산마을의 일도 남의 일이 아니어서 지금은 장산마을발전협의회 회장을 맡고 있습니다. 장산마을은 오랫동안 소외되었던 마을인데, 장산마을도 앞으로 발전해나가면 좋겠습니다.

9. 정병구(남, 1954)
좌동재래시장상인회 회장

좌동재래시장에 자리 잡은 지 15년 됐어요. 여기 시장은 좋은 물건 판다고 알아줬어요. 그래서 자부심도 있고요.

시장에 오기 전에는 건설회사 쪽에 재직했었는데 그때 당시에 IMF 터지고 건설 경기가 불황으로 접어들었거든요. 그래서 업종을 바꾸게 되어 이쪽으로 한번 해보자 해서 온 거예요.

초창기 때 우리가 질 좋은 물건 가져다가 파니까 당시에는 질 좋다는 이야기를 많이 들었어요. 그때 당시에 신도시 개발할 때 오셨던 분들도 질 좋은 걸 찾았고, 그래서 이제 우리 상인분들도 물건 하나 사다가 좋은 걸 했어요. 그렇게 장사하다 보니까 다른 지역으로 이사 가신 분들도 잊지 않고 전화로 주문해주시는 분이 많아요. 저도 그렇지만 여기는 좋은 물건을 고객들에게 드리려고 하니까 찾아주시는 겁니다. 그럴 때는 장사하는 보람이 있죠.

대형마트도 있고 온라인 판매가 활성화되어 있어도 재래시장은 재래시장대로 정을 나누며 거래하는 문화가 있죠.

재래시장에는 물건 사면 덤으로 더 넣어드리고 하죠. 개수로 파는 거는 그렇게 못해도. 이제 뭐 채소라든가 이런 부분들은 한 줌 더 주고 한 줌 더 주고 이제 그런 부분들이죠.

저 같은 경우를 기본적으로 5%에서 10% 정도는 그냥 더 드린다고 보면 돼요. 무슨 뜻이냐면 예를 들어 2만 원어치 주세요. 그러면 20,000원어치 딱 못 해드려요. 좀 더 얹어서 덤으로 드려요. 저울에 달아 값이 21,000원이나 21,500원 나왔다고 하면 그냥 2만 원만 받아요. 그런 걸 고객분들이 좋아하시거든. 여유가 있는 고객분들도 깎아주면 좋아하셔요. 돈이 문제가 아니라 오가는 정이죠.

예전에는 시장이 작은 사랑방이기도 해서 오시면 이런저런 이야기도 나누고 그랬어요. 힘든 이야기도 하시면 들어주고, 오랜만에 오시면 안부 인사도 나누고 정겨웠어요.

시장이라는 게 딱 물건만 사는 게 아니라 그런 관계고 서로 위로받고 그게 참 중요하거든요. 어르신들은 막 이야기하고 싶은 분들이 많거든 그러면 오시면 그걸 또 다 맞춰드리고 하죠. 대형마트는 물건 살 때 가격표만 보는데, 여기는 사람과 사람이 직접 만나잖아요. 그러다 보면 이런저런 이야기도 나누고 친해지기도 하죠. 그러면 하소연도 하고, 영감 흉도 보고, 자식 자랑도 하고. 그렇게 하다가 보니 우리 아이들에 대해서도 다 아시는 분들도 의외로 많아서 오시면 큰 애는 어떻게 됐어요? 안부를 물어보기도 하시고 그러십니다. 재래시장은 인간관계가 있는 그런 곳이라서 좋아요.

사실 시장 경기가 예전만 못하죠. 골목 상권이 많이 죽었잖아요. 그래도 좌동재래시장은 아직 상권이 살아있어요.

재래시장 경기가 예전 같지 않은 원인은 여러 가지가 있어요. 제가 이래저래 분석 해봤거든요. 현재 좌동 쪽에 보면 세대 구성원이 2인들이 많아요. 우리 아파트만 봐도 그래요. 그리고 또 노령화돼 있고 그분들이 세대 구성원이란 말이에요. 그러다 보니 소비가 줄죠. 하겠어요? 2~3년 전에 막 전기 요금 오르고 가스 요금 올랐잖아요. 그게 소비에 많은 영향을 주는 거예요. 자기가 갑자기 고정 라인 그전에는 어떤 지출에 이렇게 폭이 있었는데 어느 순간 금액이 오르게 되면 일반 소비 패턴에서 그 부분이 줄어드는 거예요.

또 소비 패턴이 온라인으로 급격하게 이동했잖아요. 코로나 이후에 지금은 시대 흐름이니까 어쩔 수가 없는 거죠. 그걸 어떻게 되돌릴 수도 없는 거고 그런 게 가장 큰 요인이라고 보고 있죠. 그래서 우리가 자체적으로 노력하는 방법도 나름대로 한계가 있죠. 그래도 여기는 상인들이 단합해서 여러 가지 시도를 많이 하거든요. 그래서 좌동재래시장은 그나마 버틸 수 있어요.

지금 제가 상인회 회장을 맡고 있어요. 상인들은 모두 상인회에 가입하죠. 상인회는 시장을 어떻게 활성화할 것인가? 고객들을 많이 유치할 것인가? 그런 노력을 많이 하죠.

월 회비는 1만 원씩 이렇게 하고요. 이제 새로 오신 분들은 우리가 기금이 일부 있으니까 가입비로 일괄적으로 10만 원씩 받고 이

손님을 맞는 정병구

좌동재래시장 내부

제 나머지 혜택을 보는 거죠.

제가 주안점을 두고 있는 거는 지금 뭐 한 2~3년 전부터 경기도 어렵고 상당히 자영업자들이 어렵잖아요. 그래서 고객 유치에 신경을 많이 쓰고 있죠. 작년 같은 경우는 상인회에서 자체 예산 2천만 원 정도 투입해서 자체 상품권을 고객분들께 드렸어요. 상품권을 가지고 와서 다시 오게끔 하는 거죠. 그런데 자체 예산으로는 상품권 행사를 지속하기 힘들어요. 상품권이 예산이 많이 듭니다. 상인들이 그걸 다 부담하기는 현실적으로 힘들죠.

경품 추첨도 해마다 저희가 전반기 하반기 두 번씩 이렇게 하고 있거든요. 추첨하는 날 보면 여기 광장 쪽에 보면 한 400명 이상 참석을 하세요. 일정 금액을 구입 하면 응모권도 드리고, 또 우리가 티슈라도 하나 드리고요. 고객분들이 참 고마운 분이거든요. 그래서 그분들한테 뭔가를 좀 돌려주고 싶은 마음에 이런 행사를 하는 거거든요.

재래시장이 보통 시설이 열악하거든요. 우리 시장은 다른 재래시장보다 시설이나 동선이 좋죠. 3년 전부터 추진해서 남녀 화장실을 구분해서 새단장 했습니다. 지금은 여름에 고객분들이 쾌적하게 장을 볼 수 있도록 쿨링 포그 사업도 추진하고 있고, 통로 디자인 사업도 구상 중이고 그렇습니다.

남녀 공용 화장실은 여성 고객분에게 불편하잖아요. 화장실 짓는데도 비용이 많이 들어요. 3년 동안 사업을 추진해서 시에서 지원받고 우리도 부담하고 해서 화장실도 새로 짓고 간판도 새로 하고 했어요.

또 재래시장이 여름철 폭염에는 상당히 취약하잖아요. 지붕 위에 물을 뿌리면 온도를 낮추는 효과가 있거든요. 쿨링 포그 사업이라고, 미세하게 이렇게 수증기처럼 물방울 나오는 거 있어요. 그게 열을 좀 떨어뜨리거든요. 그 사업은 환경부에서 담당하니까 그쪽에 신청해놨는데 결과가 어떻게 될지는 아직 잘 모르죠.

시장 입구가 조금 어둡고 해서 유원지 같은 데 같은 데 보면 미끄럼 방지 미끄럽지 않은 페인트가 있거든요. 그런 디자인으로 좀 해서 좀 통로 쪽을 환하게 좀 해보자. 이제 그 사업을 추진할 계획이고 그거는 장기적으로 되겠죠.

여기 젊은 친구들이 있어요. 제 소박한 바람은 젊은 친구들이 이 재래시장에서 꿈도 키우고 잘 살아가는 거죠. 그래서 여기 있는 동안 그 친구들을 위해 시장을 활성화될 수 있는 일을 뭐라도 해볼까 하는데 쉽지는 않네요. 그래도 노력해야죠.

고객분들 한 분 한 분이 참 소중한 분들이거든요. 그분들한테 최상의 양질의 어떤 물품을 공급한다는 그런 자부심은 좀 있고요. 이제 60이 넘었으니까 한 10여 년 더 하고 싶은데 그렇게 되면 좋겠어요.

소박한 바람이지만 제 개인적으로만 생각하면 그렇지만 이제 2세 분들 아니면 젊은 친구들이 또 있어요. 상인회 회장 맡으면서 이제 그런 친구들을 위해서는 제가 재래시장 활성화를 위해서 뭐라도 하나 해볼까 하고 여러 가지 시도하는데, 이게 쉽지는 않습니다.

나이가 많으신 분들이야 이제 장사를 접어도 되는 상황이에요. 자식들 다 키우고 했으니까. 근데 젊은 친구들 생각하면 그게 아니잖아요. 그래서 제가 상인회 맡으면서 여러 가지 사업을 해서 시장을 활성화하려고 노력하고 있습니다.

그래도 다행인 게 전통 시장에 가보면 요즘 젊은이들이 창업해서 들어오는 경우가 많잖아요. 그걸 보면 재래시장도 언젠가는 또 활성화되겠구나 싶어요. 전통 시장은 대형마트에서 주지 못하는, 경험하지 못하는 다른 뭐가 있잖아요. 그래서 희망은 있다고 봅니다.

10. 전우양(남, 1935)
장산마을의 산증인

대전에서 부산에 왔다가 이정희 장산개척단 단장을 만나 1967년에 동래군 장산개척단에 합류했는데, 그때 장산마을이 형성된 겁니다.

제가 옥천 출신이거든요. 대전에서 살다가 1960년대에 부산으로 왔어요. 처음 부산에 와서는 그때 경제력이 없으니까 누가 짐 실어달라면 리어카에 짐을 싣고 가야에서 남포동까지 걸어갔다가 걸어오고 그랬어요. 구포에서 하단까지도 걸어서 갔다 오고.

그러다가 이정희 그분이 우리 집사람 오빠의 딸입니다. 그 연결로 해서 장산개척단에 합류했지요. 그때 이름은 '동래군 장산개척단'이고. 장산개척단은 6.25 참전 용사 중에 퇴직한 군인들로 구성되었어요. 그때는 제대비가 적으니까 군사 원호청에서 군대 제대한 사람들을 갖다가 여기에 정착을 시켰죠. 그 당시 인원이 10명밖에 안 돼요. 그분들 다 알죠. 그분들 전부 60세 되어서 세상 다 떠났어요. 그러다가 사람이 살던 거주지니까 이제 한 사람 한 사람 올라오게 되어서 사람도 바뀌고 그랬죠.

그때 좌동에는 김해김씨들이 많이 살았어요. 초가집이 몇 집 있었고. 이쪽은 돼지 키우는 동네고. 이쪽은 농사짓고. 그 당시는 농사짓는 일 말고는 아무것도 할 일이 없었거든. 땅도 그다지 좋지 않고 농사만 짓고 사니까 살기가 어려웠죠.

장산개척단에서 3천 평을 불하받아서 개간하는데, 그때 농기구가 어디 있습니까? 곡괭이하고 삽으로 돌을 다 파내고 그랬어요. 집도 제대로 없었죠.

그때는 오고 갈 데가 없으니까 왔는데, 와서 보니까 산이 벌거숭이고 아무것도 없는 황무지라요. 여기가 1탄약고였거든요. 지금은 경운기가 있지만, 그때는 그런 농기구가 아무것도 없으니까 맨손으로 삽 들고 곡괭이 들고 돌을 다 파내고 그랬어요

집은 말도 못 하죠. 돌로 벽을 쌓아 만들고 지붕은 산에 가서 억새를 가져와 엮어고 그 안에 비닐 깔아서 지붕처럼 덮고 살았어요. 기어서 들어가고 기어서 나오고 그렇게 살았어요. 겨울에는 썩은 나무 가져와서 불 지피고. 고생이 말이 아니죠.

그렇게 개간해서는 나중에 퇴역군인들이 불하받아서 다 팔고 내려갔어요.

퇴역군인들이 60년대에 와서 개간했잖아요? 그걸 퇴직금 쪽으로 넘기거든요. 임야를 개간해서 농지를 만들어주는 거예요. 그게 당시에 농지개간법인가 임야개간법인가 그랬어요. 그러면 그때 그

분들이 퇴직금을 받았다 아닙니까? 그래가지고 70년대 전부 초반에 그것을 팔고 내려가요. 그때 여기를 관리했던 문화재관리에서 불하받은 돈이 평당 2원 50전입니다. 2원 50전이 적은 돈이 아니죠. 당시 10만 원이면은 돈다발이 컸어요.

개척단이 일군 마을은 아랫마을이고요. 윗마을은 개척단 아니고요, 뒤에 민간이들이 들어오면서 생겼죠.

여기 아랫동네하고 윗동네가 있는데, 윗동네는 우리 개척단이 들어오니까 나중에 민간인이 들어오면서 마을이 형성된 겁니다. 윗동네는 30명 정도 있었어요. 이북 사람이 제법 있었고요. 그런데 다 떠나고 지금 윗동네에 남아있는 사람은 한 집밖에 없어요. 여기 세대는 25세대가 됐어요. 반상회 할 때는 반상회는 같이하죠. 그전에는 1반, 2반 그러니까.

아랫마을에서는 정월 대보름에 산제를 지냈어요. 지신밟기도 하고. 마을 사람들이 서로 돕고 살았어요. 초상이 나면 상여도 만들어서 같이 메고.

1년에 한 번씩 산제를 지냈지요. 산제를 지내다가 언젠가는 그게 80년대쯤에 없어져 버렸어요. 산제는 구곡산에서 지냅니다. 제당은 없고 저 산 밑에 가서 지냈어요. 지신밟기도 했어요. 여기 쇠 잘 치는 사람이 있었어요.

동네에서 돌아가신 분은 여기 산에다 묻었어요. 집에서 나무로 상여를 만드는데 동네 사람들이 다 도와줍니다. 그때는 단결이 잘 돼서 경조사 있으면 내집 일처럼 서로 돕고 살았어요. 그래 상여 만들고 나면 동네 사람들이 같이 상여 메고 장례 치르고 상여는 바로 소각합니다.

사는 건 다들 힘들었지요. 채소 키워서 해운대 시장에 내다 팔고 진시장에 내다 팔고 그렇게 살았어요. 그때 장산마을 무는 알아줬습니다.

여기는 밭농사를 지으니까 주로 채소를 심었는데, 무가 특히 잘 됐어요. 출하할 때 보면 무가 이리 크고 굵었어요. 맛도 좋고. 장에 내다 팔면 장산마을 무가 맛있다고 알아줬어요. 그걸 머리에 이고 시간 넘게 걸어서 해운대 장에 가져가 팔고 그걸로 생활했어요. 집 사람이 고생 많이 했어요.

80년대 낙농업이 붐이 일어서 장산마을에도 젖소를 키웠는데, 그때가 좋았죠. 그걸로 아이들 대학 공부시키고 다 했어요.

80년대 17집이 낙동을 했어요. 동래 세무소에 가서 사업자등록증도 내고. 그 세월이 참 좋았죠. 영남제분이라고 있었거든요? 영남제분 사장이 유용술이란 분인데, 그분이 여기 협조를 많이 했어요. 사료도 제공해주고.

그 당시는 낙농업이 붐이 일었을 땐데 젖소 키워서 젖을 짜면 영남제분에서 가져갔습니다. 우리는 젖소를 방목도 하고 축사를 지어가 키우기도 하고. 소 키우다 보면 소가 아프거나 도망가는 경우가 있는데, 그럴 때면 동네 사람들이 합심해서 도와주고 그렇게 서로 도우면서 잘했어요. 여기서 4남매를 낳았는데, 그걸로 아이들 대학공부 시키고 다 했어요.

신도시 조성되면서 그쪽 사람들이 지저분하다고 구청에 민원 넣고 하다 보니 동네에서 목축업을 못 하죠.

신도시 조성되고 사람들이 산으로 등산한다고 올라오다가 보니까 지저분하다고. 폐수가 그쪽으로 흘러내린다고 민원을 넣으니까 구청에서 못하도록 했어요. 단속도 많이 나오고. 그렇게 자꾸 규제하고 문제 삼으니까 어떻게 할 도리가 없는 겁니다. 그때 축사를 지으려 해도 여기는 건물 짓는 게 불가능합니다. 집수리 하나 해도 허가을 맡아야 하는데, 축사를 지을 수 없죠. 여기 우리 사는 집 보세요. 옛날 그대로 돌벽이잖습니까. 문제가 생기면 거기에 덧대서 고치지, 무너뜨리고 새로 짓지는 못합니다. 그런 규제가 심해요. 그러니까 달리 방법이 없어서 1998년도에 동네에서 목축업을 접었습니다.

우리 동네에는 1985년도에 전기가 들어왔어요. 전기 넣는 데 정말로 힘들었어요. 그런데 아직도 상수도는 안 들어와요. 예산이 많이 드니까 동네에서 엄두를 못 내요.

우리 동네에는 1985년 이전까지 전기가 안 들어왔습니다. 그러니까 생활이 힘들죠. 목축업을 하는데 전기가 없으니까 여름철에 우유를 짜면 보관이 안 되는 겁니다. 그래서 내가 84년도에 시장을 찾아가 마을에 전기를 넣어달라고 요청했어요. 시에서 다 지원해줄 수 없는 상황이니까, 국가에서 하는 농어촌 전화 사업을 신청해서 지원받고, 마을에서 천만 원 걷고, 정부 보조금 천만 원 보조받고 해서 3천만 원 들여서 전기를 넣었어요. 그때 여기 이재수 사령관이 협조를 많이 했어요. 그 과정이 힘들었지요. 돌아보니 동네일을 많이도 했네요.

상수도는 아직도 안 들어와요. 각자 샘을 파서 식수로 씁니다. 여기는 물이 잘 나와요. 상수도 넣으려니까 2억 들어가요. 여기 사람들이 2억을 어떻게 만들겠어요? 예산이 많이 드니까 동네에서 엄두를 못 내는 겁니다. 그러다 보니까 불편해도 다를 그냥 살수 밖에 없는 겁니다.

좌 : 관계자에 감사패를 전달하는 모습.
우 : 부대에 감사패를 전달하는 모습. [전우양 제공]

부대에서 도움을 많이 줬어요. 부대하고 동네하고 한 번씩 돼지 잡아서 친목 체육대회도 하고 그랬어요.

지금은 공군부대지만 그전에는 육군 미사일 부대가 있었어요. 그때 여기 학생이 30명 정도 있었는데, 여기서 해운대초등학교까지 걸어서 다녔어요. 걸어가면 1시간 넘게 걸려요. 그랬는데 통근차 내려가는 시간과 맞으면 태워주기도 했어요.

또 혹시 산모가 있잖아요? 산모가 있으면 부대에 전화하면 부대에서 1호차를 보내서 병원에 실어줘요. 한 번은 윗동네 한 집에 불이 났는데 부대에 전화하니까 소방차가 바로 올라와서 불을 껐어요. 부대에서 동네에 도움을 많이 줬죠.

동네 위에 가면 넓은 데가 있어요. 그곳에서 한 번씩 부대원들하고 친선경기도 하고 그렇게 잘 지냈어요. 돼지 잡고 막걸리 해서 체육대회도 하고 단합대회를 많이 했습니다. 음식도 나눠 먹고.

지금은 동네에 사는 사람이 많이 없어요. 외지인들이 들어와도 집만 있지만 거주하는 사람이 별로 없고. 여기는 집은 구청에 등록되어 있어도 소유권이 없어요. 소유권이라도 인정해주면 좋겠어요. 아니면 원주민들이 살 수 있도록 이주촌을 마련해주든가.

사는 집이 구청에 등록은 되어 있어도, 개인 잎으로 등록은 안 되어 있어요. 그러니까 이거는 아무것도 아니거든. 내 집이면서도 내 집이 아닌 거예요. 들어온 사람들이 집만 사 놓고 거주하는 사람은

별로 없어요. 밑에 살면서 한 번씩 와서 생활하고 채소 농사짓고
그래요.

그 사람들도 제재하는 게 너무 많으니까 어떻게 할 방법이 없는
겁니다. 기반시설도 없고 집수리도 마음대로 못하니까요. 그래서
안타깝죠. 집 소유권을 인정해주든가 아니면 사람이 살 수 있도록
해주든가 하면 좋겠는데 그게 안 되니까요. 그게 힘들면 원주민들
이 살 수 있는 이주촌을 마련해주면 좋겠어요.

행사를 진행하는 모습 [전우양 제공]

288

전우양 자택. 옛 돌집 모습이 일부 남아있다.

11. 이복득(여, 1954)

장산마을 통장

장산마을에 온 지 35년 정도 되나 봅니다. 낙농업 한다고 남편은 저보다 먼저 장산마을에 왔고요. 그때 마을 사람들은 집집이 한두 마리씩 젖소를 키웠습니다.

남편이 먼저 장산마을에 와서 축산업을 했고, 저는 아이들 학교 문제로 조금 늦게 왔습니다. 그래도 남편이 있으니까 장산마을에 오고 가고 했고요. 아이들은 여기 있기도 하고 내려가서 있기도 하고 그랬습니다. 할머니 집이 반송에 있다 보니까 반송에 많이 가 있었어요. 거기서 학교 다녔고. 커서는 여기 와서 다니고 그랬어요.

그전에는 마을에서 밭농사를 주로 하다가 80년대 와서는 낙농업을 주로 했어요. 낙농이 그 당시 한참 일어났었거든요. 그때는 우유를 수입을 해왔잖아요? 그러니까 수입도 괜찮았어요. 주민들이 전부 다 같이 했어요. 그때 마을에 30가구 정도 살았는데, 집집이 한두 마리씩 젖소를 키웠습니다. 젖소가 많았던 집도 있었고.

여기에 영남제분에서 제일 먼저 낙동을 시작했습니다. 영남제분에서 사료를 쓰니까 우리도 거기서 사료를 받아서 하고 그랬습니

집집이 젖소를 키웠던 장산마을 [최옥임 제공]

다. 우리는 부산우유하고 비락우유에 납품했고요. 영남제분 농장이 장산 억새밭 있는 곳에 있었어요. 저 위에 습지 있는 데가 주변이 풀밭이거든요.

여기는 전기가 1985년도쯤 들어왔는데, 그전에는 우유공장에 납품할 때 힘든 점이 많았습니다. 젖을 짜서 납품하는데, 여름이 되면 날이 더우니까 신선도가 떨어지잖아요? 그래서 신선도 유지한다고 젖을 짠 통을 납품하기 전까지 물에 담궈놓고 하는데, 어떨

때는 신선도가 떨어졌다고 안 가져가기도 했습니다. 전기가 안 들어와서 생활하기도 힘들었고, 그런 점에서도 애로가 많았습니다.

지금은 자연스럽게 사라졌지만, 이전에는 마을 사람들의 계가 있어서 가끔 함께 놀러도 가고 횟집에도 가고 그랬습니다. 여기는 회가 귀하잖아요.

제가 왔을 때 마을에 계가 있었습니다. 그때는 돈이 귀했잖아요. 그러니까 계를 하면 계원 집에 모여서 음식을 나누어 먹고 그 집에서 놀다 가고 그랬죠. 우리는 계 모임을 겸해서 반상회를 했어요.

1985년 2월 8일 '장산마을 전기 점화식'에서
전봇대에 고사를 지내는 장산마을 주민들 [전우양 제공]

여기 반상회는 동네잔치나 다름없었어요. 주민들이 단합이 잘 되었거든요. 한 달에 한 번씩 반상회 하면 그날 저녁에는 반상회 하는 그 집에서 모두 저녁을 꼭 먹었거든요. 반상회를 하면은 어느 집이나 할 것 없이 잔칫집같이 음식을 많이 차려서 대접했어요.

그리고 마을에서 반 비를 걷고 하니까, 여유가 있으면 가끔 주민들이 함께 놀러도 가고, 돈이 좀 많이 모이면 근처에 맛있는 것도 먹으러 가고 횟집에도 가고 그랬습니다. 여기는 산이니까 회가 귀하잖아요. 그전에는 마을 사람들이 가족처럼 지냈으니까 계가 잘 되었는데, 세월이 갈수록 나이 드신 어르신들이 한 사람 두 사람 세상을 떠나시고, 아이들도 커서 외지로 나가고, 또 젊은 사람이 새로 마을에 들어오고 하면서 마을 주민도 바뀌다 보니까 자연스럽게 계가 없어졌어요.

여기 공군부대에서 주민들 편의를 많이 봐주고 하니까, 마을에서 돼지 한 마리 잡아서 공군 부대원들하고 마을 사람들하고 단합대회도 하고 그랬습니다. 지금도 군부대하고는 잘 지내죠.

마을에서는 공군부대하고 잘 지냈습니다. 지금은 자동차가 있는 집이 많지만, 예전에는 차가 없어 걸어 다녔거든요. 아이들도 걸어서 학교 다녔고. 도로포장이 안 되어 있을 때는 특히 비가 오면 길 전체가 흙탕물이라 걸어가기 힘드니까 공군부대 통근차에 태워주기도 했습니다. 원래 통근버스에 일반인이 타면 안 되는데, 여기가

위 : 1990년 장산마을 주민들의 마을 주변 정화 활동 [최옥임 제공]
아래 : 1990년대 장산마을 주민들 [최옥임 제공]

오지고 하니까 주민들의 편의를 봐준 거죠. 마을에서 늘 고맙게 생각했습니다.

그래서 공군부대 부대원들과 잘 지냈어요. 마을 사람들하고 단합대회도 하고 그랬습니다. 우리 마을에서 돼지 한 마리를 잡아가서 지금 헬기장 있는 곳에서 군인들하고 축구대회도 하고 줄다리기도 하고 그랬습니다. 그러다가 원래 부대 통근버스에는 일반인이 탈 수 없으니까 부대에서 통근버스에 태워줄 수 없다고 했어요. 그렇게 하게 된 데는 이유가 있기도 했고요.

여하튼 이후로 각자 집에 차도 있고 도로도 조성되고 하니까 자연스럽게 군부대 통근차를 안 타게 되고, 또 젊은 사람들이 외지로 나가면서 마을 주민 수도 줄어들고 하니까 언제부터인가 체육대회도 자연스럽게 안 하게 되었어요.

그래도 지금 군에서 체육대회를 하면 우리 마을하고 원각사에 초청장이 옵니다. 그러면 제가 통장이니까 응원차 체육대회에 참석합니다. 딴 사람은 부대 안에 못 들어가고 통장은 일이 있을 때 출입이 가능합니다. 그래서 초청장이 오면 응원차 가서 인사도 하고, 서로 화합하는 뜻에서 기부도 하고 그럽니다.

낙농업을 접은 뒤에는 마을에서 등산객들 대상으로 음식점을 했어요. 달리 할 수 있는 일이 없으니까. 그런데 등산객 수가 줄어 음식점도 잘 안 됩니다.

젖소 키우고 할 때는 그나마 생활이 괜찮았는데, 폐수가 신도시로 흘러 들어간다고 민원이 많이 들어와서 구청에서 단속도 하고 하다가 다들 낙농업을 접었습니다. 등산객들이 오가며 보다가 민원을 넣은 건데, 마을에서 정화조 시설도 하고 했거든요. 그래도 문제 삼으니까 어쩔 수 없잖아요.

낙농업을 접으니까 먹고 살길이 달리 없고 해서 집집이 닭을 키웠어요. 그즈음에 등산객들이 많이 올라왔는데, 그 사람들이 마을에서 닭도 키우고 하니까, 저 닭 한 마리 잡아주면 안 되나? 국수 삶아주면 안 되나? 요구하니까 닭도 한 마리 삶아주고, 국수도 해주고 하다 보니 그게 장사가 된 거예요. 그래서 현재 장사하고 있는 집들이 다 그렇게 하다가 장사를 시작한 겁니다.

여기 산은 등대가 되어서 폭포사에서 올라오거나, 대청공원에서 올라오거나, 재송동 쪽에서 올라오거나, 동백 쪽에서 올라오거나 하면 여기 산을 지나서 가요. 그러니까 이쪽저쪽에서 올라오는 사람들이 여기를 둘러서 가니까 손님들이 많았어요.

찾아오는 사람들이 많으니까 그때는 거의 집집이 다 하다시피 했거든요. 그랬는데 점차 장사가 잘 안되고, 또 등산객들도 그때만큼 그렇게 안 올라와요. 그러니까 장사를 그만두는 사람이 많아져서 지금 장사하는 한 6집 정도 장사해요.

레이더 설치할 때 우리 마을이 떠들썩했죠. 마을 사람도 마을 사람이지만 시민단체에서도 오고 학생들도 와서 데모하고 그랬습니다.

그때 여기 가구 수가 29가구 되거든요. 군부대에서 장산에 레이더 설치한다고 하더라고요. 레이더 옮긴다고 도로 공사도 하고 그랬어요. 레이더 설치하는 날을 미리 알지는 못했는데, 어떻게 내일 레이더 올라간다더라는 말을 들었어요. 그래서 주민들한테 내가 얘기를 했지요. '내일 레이더 올라온단다. 내일 아침 몇 시에 온다.' 그랬더니 마을 사람들이 그 시간에 전부 다 나왔어요. 보니까 레이더 못 올라가게 한다고 시민단체에서도 오고 대학생들도 오고 사람들이 올라왔어요. 경찰도 굉장히 많이 왔어요. 경찰이 와서 군데군데에서 길을 다 막으니까, 결국에 데모하는 사람들은 다 잡혀가고 모여있던 사람들도 그냥 내려갔죠. 그러고는 레이더가 바로 올라갔어요.

그때 우리가 뭐 때문에 못 올라가게 했냐면, 전자파가 우리 마을 주민에게 영향을 끼치면 우리가 여기에 못 살지 않느냐? 해서 막은 겁니다. 그랬는데 나중에 군에서 전자파 피해가 없다고 하고, 나중에라도 전자파 피해가 있는지 조사하고 관리한다고 해서 무마되었어요. 그리고 마을에서 협상하기를, 마을 쪽 길을 포장해 달라고 했어요. 길이 비포장도로라 엉망이었거든요. 그래 마을 쪽이라도 포장을 해달라고 해서 길 포장을 한 겁니다.

텃밭에서 배추 수확하는 이복득

장산마을 통장을 맡은 지도 만 4년이 됩니다. 앞으로 어떻게 될지는 모르겠지만, 마을 사람들이 함께 잘 살 수 있는 길이 열렸으면 좋겠습니다.

지금 통장을 맡은 지 만 4년이 됩니다. 여기는 마을 회의에서 통장을 뽑습니다. 마을 일을 보면 어려운 점이 많죠. 생각이 다르니까 주민들에게 협조를 구하는 일이 쉽지 않을 때도 있습니다. 그래도 마을 분들이 다들 잘 따라줍니다. 마을 전체 카톡이 있어서 마을에 일이 있으면 연락하고, 서로 전화도 하고, 가봐야 하는 집이 있으면 방문도 하고 그럽니다.

여기는 생활하기 힘든 점이 많죠. 생활기반 시설이 잘 안 되어 있고, 집이 낡아도 규제가 많으니까 함부로 손대지도 못하고 그렇습니다. 도심 속 오지인 셈이죠. 그리고 아직 법적으로 보호받지 못하는 점도 많습니다. 그런 어려움이 있는데, 언젠가는 마을 주민들이 함께 잘 살 수 있는 길이 열렸으면 좋겠습니다.

12. 손웅희(남, 1967)

(사)장산마을발전협의회 회장

신도시 입주 후 장산 곳곳에 등산하다 장산마을 주민의 도움으로 장산마을과 인연을 맺게 되었습니다. 제2의 인생을 준비하면서 귀농을 선택한 셈이죠.

1998년에 신도시에 입주한 뒤에 장산 일대에 등산을 안 다닌 데가 없었어요. 장산 일대를 구석구석 다니다가 장산마을을 만나게 되는데, 마을은 낙후되었지만 자연환경이 좋더라고요. 그러다가 주민의 도움으로 분양을 받아서 마을에서 6년간 텃밭을 가꾸고 양봉도 조금 하다가 이 마을을 알게 되었습니다. 그때 저도 제2의 인생으로 농사를 짓고 살겠다는 생각도 있었고, 원예학과 대학원도 3년 다녔고, 여러 가지 사회적 기업도 준비하고 있었던 때였고, 마침 주민의 권유 있어 이 마을에 거주하게 됐습니다. 일종의 귀농을 선택한 기죠.

마을에 와 보니 장산마을에 목축업이 중단된 뒤라서 마을 사람 중에 등산객을 상대로 한 식당을 연 집이 십여 곳 정도 있었는데,

규제가 많아 주민들의 삶이 힘들었어요. 공동체문화도 많이 사라졌고.

제가 장산마을에 왔을 때는 이 마을 목축업은 중단되고, 주민들이 생활을 위해 대다수가 등산객들 상대로 식당을 하고 있었습니다. 그 당시 10개 이상이 된 걸로 기억합니다. 그 당시에 27가구가 살았는데, 장산마을이 예전과 달리 마을 공동체가 많이 붕괴가 되었습니다. 이전에는 농업이나 목축업을 할 때는 주민들이 단합이 잘 되었죠. 서로 품앗이도 하고. 그런데 주민들이 장사로 생계를 꾸리니까 서로 경쟁 관계에 놓이기도 했고요.

지자체에서는 장산마을을 행정 규제 대상으로 보니까 규제하고 단속만 했어요. 실제 비가 와서 지붕에 물이 떨어지고 지붕 수리를 못 했어요. 규제의 대상으로서만 살았으니까 당연히 공동체의 단합이 잘 안 되죠. 그 세월이 오래됐죠.

목축업을 할 때는 "장산마을 사람들 똥 장화 신고 술집에 가도 대접을 받았다."는 말이 있었을 정도였다고 합니다. 지금도 축사가 남아 있는 곳이 있습니다.

목축업 할 때는 장산마을 사람들이 똥 장화를 신고 술집에 가도 대접을 받았다는 말이 생겼을 정도로 목축업이 잘 되었다고 합니다. 돈이 많으니까 똥 장화 신고 술집에 가도 대접을 받았다는 거죠. 그런 말이 있을 만큼 목축업 할 때는 경제적으로 주민들의 생활이 좋았죠.

마을주민 한 분이 저한테 주신 자료 중에 70년대 이 마을 목축업 대장이 이었습니다. 보니까 당시 집집이 키운 젖소 두수가 기록되어 있었는데, 많게는 20마리를 키운 집도 있더라고요. 이 마을에서 젖소를 가장 많이 키운 곳은 지금 헬기장 근처에 있었던 대성농장으로 그 농장에서 젖소 20마리를 키웠어요. 주인은 목축업이 중단된 후에 식당을 하시다가 돌아가셨는데, 지금도 그 축사가 그대로 남아 있습니다.

집은 다 돌집이었는데, 지금은 개보수한 집이 많아요. 생활기반은 예전이나 지금이나 열악합니다. 여전히 마을에서는 산 물을 먹고 살고, 재래식 변소를 사용하고 있습니다.

이 마을의 집들은 다 돌집인데, 주로 60년대 지어졌어요. 주변에 돌이 많으니까 돌 사이에 황토를 넣어서 쌓은 겁니다. 황토가 시간이 지나면서 부서지고 하니까, 지금은 대부분 시멘트로 보수한 집들이 많아요. 전통 돌집은 여기 한 집이 있습니다. 지붕은 인체에 유해한 석면 슬레이트 지붕이라 구에서 일부 지원해 준다고 교체하라고 했는데, 그 비용이 만만치 않고 하니까 다들 엄두를 못 냈죠. 장산이 구립공원으로 지정되면서 한때 이주촌을 마련해준다는 말도 있었어요. 그러니까 굳이 지붕을 교체할 필요가 있겠나 하는 생각도 있었고요.

이전에는 겨울에 군불 때고 했지만 지금은 기름보일러 쓰는데, 기름값이 많이 드니까, 너무 힘드니까 대개 전기장판이나 화목난로를 씁니다. 생활기반은 예전이나 지금이나 열악합니다.

지금도 상하수도가 조성이 안 되어 있어서 개인적으로 산물을 끌어다 쓰고 있습니다. 정화조도 설치가 안 되어 있어서 화장실도 일명 퍼세식이라고 하는 재래식 변소를 그대로 쓰는데, 제 작년까지만 해도 정화조 시설을 설치하는 것이 불법이었을 겁니다. 재작년인가 정화조를 설치하도록 권유했는데 그게 합법인지는 정확하지 않고요. 지금은 구에서 1년에 한 번씩 퍼갑니다. 아직 이 마을은 방치되어 있어요. 그러니까 사람들이 장기적으로 거주하기가 쉽지 않습니다.

마을 길이 흙길이다 보니 여기 비가 오면 흙구덩이가 되어 차가 빠져서 가지도 못할 정도입니다. 지금 길은 제가 재작년에 마을 지원사업으로 신청해 5억 정도 예산을 받아서 길을 포장한 겁니다.

장산에 항일운동을 했던 재건교회의 김덕지라는 여성 목회자의 묘도 있고, 마을에 재건교회 가옥과 토지 그리고 순복음교회 수양관과 토지도 있습니다.

마을 입구 인근에 재건교회 소유의 가옥과 6천 평 정도의 땅이 있더라고요. 알아보니 재건교회가 일제강점기에 신사참배 운동을 반대했던 유일한 교단이라고 하더라고요. 그 교회의 김덕지라는 여성 목회자가 종교원리를 주장하면서 열정적으로 항일운동을 했다고 알려진 분입니다. 이분이 1956년도에 작고하셨는데, 그분의 묘가 장산에 있습니다. 그 이후로 재건교회 관계자나 신도분들의 묘가 여기에 있다고 하더라고요. 그래서 저도 놀랐습니다. 이것도 우리 마을 자산이라는 생각도 들었고요.

윗마을에는 순복음 교회 수양관이 있습니다. 여기는 1980년대에 순복음교회에서 여기서 여름학교 등 왕성하게 활동했다고 합니다. 이 건물은 건물 대장에 기재되어 있는 양옥건물로 유일합니다. 지금은 신도들이 텃밭을 가꾸는 정도이고요. 잘 알려지지 않았던 장산마을 역사인데, 장산마을의 발전을 위해 마을에서 두 교회 관계자와도 소통하고 있습니다.

미사일[그린파인]이 장산에 들어오고 장산이 구립공원으로 지정되면서 마을주민들이 서로 뭉치게 되고 관과 대화하면서 마을 공동체를 어떻게 유지할 것인가에 대한 고민을 많이 하고 있어요. 그래서 '장산마을발전협의회'를 발족했습니다.

주민들이 마을에 대해 생각하게 되면서 서로 뭉치게 된 계기는 미사일이 장산에 들어오고 장산이 구립공원이 되고 하는 일련의 변화입니다. 마을에 큰일이 생기게 되면서 서로 뭉치게 되고 관과 대화를 하게 되면서 마을 공동체를 어떻게 유지할 것인가에 대한 고민을 많이 했죠.

처음에는 '장산마을주민대책위원회'를 결성했습니다. 일종의 비상대책위원회인데, 제가 젊고 하니까 저에게 일을 맡겨 제가 공동위원장을 맡았습니다. 그런데 이 조직은 임시 조직이었거든요. 그래서 앞으로 지속 가능한 마을사업으로 가기 위해서는 조직을 법인화하는 게 좋겠다 싶어서 부산시에 작년 7월쯤에 의뢰했어요. 부산시에서 나와서 서류나 현장을 심사했는데, 시에서 앞으로 농업 활동을 통해서 공익사업으로 가도 좋겠다고 해서 허가증을 발급받고 올해 초에 '사)장산마을발전협의회'를 공식적으로 발족했습니다. 앞으로 공익 법인화할 예정입니다.

1호 사업으로 해운대구 늘푸른과 하고 협업해 마을 정화사업을 했습니다. 여기가 산지 농촌이다 보니 풀도 많이 나고, 길에 풀이 있으면 차가 많이 빠집니다. 그래서 예초 작업도 했고, 등산로나 작전 도로에 있는 나무의 나뭇가지 치기도 하고 했습니다.

또 여기는 마을 쓰레기를 배출하기 힘든 구조입니다. 이전에는 다 태웠거든요. 이래서 안 된다고 해서 1년에 두 번 농사용 폐기물 배출 사업을 했습니다. 이제 2호 사업으로 내년 1월 1일 해맞이 사업을 준비하고 있습니다.

장산마을 정화사업 후 기념사진을 찍은 (사)장산마을발전협의회 회원들 [손웅희 제공]

13. 예성탁(남, 1963)

해운대라이프 대표

1997년 신도시에 사람들이 입주하기 시작했을 때 좌동 사람들의 민의를 전달하고 지역을 발전시켜나가자 하는 생각에 '신도시라이프'를 발간했다가 이후에 '해운대라이프'로 이름을 변경했습니다.

'해운대라이프'는 제가 1997년에 신도시에 사람들이 막 입주하기 시작했을 때 창간했습니다. 처음 이름은 '신도시라이프'였습니다. 이 일을 시작한 이유는 일간지에서는 다루지 않는 이 동네 사람들의 민의를 전달하고 지역을 발전시키자는 생각이었죠. 애초에 제가 신문을 만들 때, 잡지 같은 신문을 만들려고 했습니다. 우리 지역의 문제와 특색이 잘 드러나는 소식과 내용으로 구성하려고 했습니다.

신시가지 조성될 때 크고 작은 문제들이 있었거든요. 예를 들면 지하철 개통이 늦어지거나, 아파트 완공이 늦어지거나, 도로포장이 안 된 구간도 있고 하는 문제로 주민들 사이에 불만이 많았죠. 그래서 우리가 신문을 주민들의 의견을 모아 문제를 해결할 수 있는 도구로 삼아보자, 그런 생각을 하게 되어 신문을 발간하게 되었습니다.

그때는 좌동 신도시만 중점적으로 해도 메이저급 언론이 될 수 있으리라 생각했죠. 신문은 신도시, 우동의 대우마리나, 수영의 현대아파트까지 배포했습니다. 지금은 주민들이 알아야 할 해운대 소식은 그대로 담으면서 좌동 신도시하고 마린시티가 중심이 됩니다.

비매품으로 발간하는 신문이다 보니 경제적으로 어려움이 많습니다. 후원금과 광고비로 유지하고 있는데, 개인적으로 아마 아파트 한 채 값은 들어갔을 겁니다.

처음에는 저를 포함해서 세 사람이 했어요. 비매품으로 한 달에 두 번씩 계속 찍어서 배포했습니다. 그때 IMF 때고 하니까 광고주들도 경제적으로 힘들었을 때고. 그러다보니 제가 함께 일했던 두 사람한테 인건비를 줄 여유가 안 되는 겁니다. 그래서 발간한 지 3, 4개월 만에 일단 접고, 저 혼자 꾸려보자고 해서 꾸렸는데 너무 힘들었습니다. 그때 개인적으로 아파트 한 채 값이 들어갔을 겁니다.

광고비만으로는 신문을 계속 발간하기 어렵습니다. 그래서 후원금을 받고 있는데 제 가족들은 다 후원금을 내고 있고, 주민분 중에서도 후원금을 내시는 분도 계십니다. 광고주나 후원해주시는 분들 덕분으로 지금까지 꾸려나가고 있습니다.

원고료를 따로 드리지 못하고 투고료를 받기도 하는 구조라 처음에는 투고하시는 분이 의아해하시기도 합니다만, 그래도 신문 발간 취지를 이해하시고 오랫동안 투고해주시는 분도 계십니다.

신문은 기획 기사, 취재 기사, 투고 기사로 구성됩니다. 취재는 제가 할 때도 있고, 편집위원이 할 때도 있고요. 투고 기사 중에는 투고료를 안 받는 경우가 있기도 한데, 경제적으로 여유가 있으신 분께는 투고료를 받습니다. 다른 신문에서는 투고하면 원고료를 주는데 우리는 그렇지 않으니까 처음에는 의아해하시죠. 그래도 투고하는 기사를 주민들이 많이 보고 호응도 좋고 하니까, 기꺼이 투고료를 주시면서 꾸준히 기사를 써 주시는 분도 계십니다.

해운대라이프

311

신문이란 매체가 매력이 있습니다. 일은 힘들어도 보람도 많습니다. 도와주시는 분도 많이 계시고.

처음에는 버룩시장처럼 타블로이드 판형으로 발간하다가 주변에서 한 손에 들어오는 신문이면 좋겠다고 해서 지금 규모로 발간하고 있습니다.

신문이라는 매체가 참 매력이 있습니다. 주민의 민원이나 의견을 신문에 반영하는 것도 그렇고. 그것으로 문제가 해결되거나 개선될 때는 보람이 있죠. 그리고 좋은 분들과 함께 할 수 있고. 그런 점들이 좋습니다.

우리는 편집위원들이 구성되어 있습니다. 공무원으로 재직하다 퇴직하신 분도 계시고, 교사 출신도 계시고, 재능기부를 하시는 분들도 계시고. 한 달에 두 번 편집위원들이 모여서 기획 기사를 결정합니다.

신문만 발간하는 것이 아니고, 다른 단체들과 협업해서 문화 체험행사도 하고 있습니다. 반딧불이 체험행사도 하고 장산제도 지냅니다.

신문을 내는 일이 제가 하는 주된 일이지만 '장산반딧불보존동아리'와 함께 해마다 반딧불이 탐사 행사도 함께하고, '해운대를 사랑하는 모임'과 장산에서 장산제를 지내기도 합니다.

신시가지가 조성되면서 주민들의 이익을 반영하는 단체가 여러 개 생겨났습니다. 그러다가 시간이 지나서 단체들이 하나로 결합

해서 결성된 것이 해운대를 사랑하는 모임입니다. 이 모임은 주민들의 민원을 해결하고 해운대를 발전시키고자 하는 모임입니다. 동백섬 군부대 이전, 각 아파트에서 발생하는 분쟁을 조정에 힘을 많이 썼고요.

이 모임과 함께 해운대구 주민들의 안녕과 발전을 기원하는 장산제를 지내고 있는데, 지금은 장산이 일부 개방되었지만 초기에는 일반인들이 장산 정상에 올라가지 못했거든요. 그런데 장산제를 지낼 때는 군부대에서 그날 하루 주민들이 갈 수 있도록 개방해줬어요. 그러니까 주민들이 그날은 장산 정상에 갈 수 있었으니까 호응이 좋았습니다.

장산 마고당과 천제당 제사는 예전부터 좌동 주민들이 거행하고 있었고, 장산제는 따로 지내는 제삽니다. 마고당제와 장산제를 엮어서 문화재로 지정하는 노력을 해보면 좋지 않을까 하는데, 두 제사가 각기 특색이 있다 보니 쉽지는 않겠죠.

이 일을 해온 지 벌써 29년이 됩니다. 10년만 더 하자는 생각을 하고 있습니다. 그간 해왔던 향토사 연구도 마무리 지으려면 그 정도 시간이 필요하지 않을까 합니다. 그다음에는 뜻이 있는 다른 분께 물려줘야죠.

제가 농담 삼아 앞으로 10년만 더 하자고 합니다. 그때까지 잘 유지되면 다음에는 다른 분한테 물려줘야죠.

제가 이 일을 해나가면서 향토사에도 관심이 많아 자료도 찾아보고 주민들을 만나서 조사도 하고 그랬습니다. 그래서 장산국 이야기라는 책을 전자책으로 만들었는데, 앞으로 종이책으로도 만들 계획입니다.

그리고 장산의 이산(李山) 표석에 대해서도 관심이 많습니다. 금석문 연구자가 그 돌이 경주 남산에서 온 돌이라고 하더라고요. 그래서 누가 왜 세웠는지 밝혀보고 싶죠. 관련 기사들을 모아서 후대에 물려줘야 하지 않을까 합니다.

상산마고당과 천제단에 대해서도 조사하고 제사에 참여도 했습니다. 제 나름대로 조사하고 연구한 내용을 신문에 발표하기도 했는데, 그것도 다 모아 책으로 엮을 생각인데, 제가 하고자 하는 일을 다 하려면 앞으로 10년 정도는 필요하지 않을까 생각합니다.

돌아보면 이 일에 제 청춘이 다 들어간 셈입니다. 그만큼 좌동과 해운대에 애정이 있죠. 제 꿈이 죽어서도 해운대를 지키는 해운대 수호신이 되는 겁니다. 아마 사후에도 장산에 있을 겁니다.

이 일을 한 지 30년이 다 되어가는데, 제 느낌으로는 한 10년도 안 된 것 같습니다. 돌아보면 이 일에 제 청춘이 다 들어간 셈입니다. 그 덕분에 제 꿈이 죽어서도 해운대 수호신이 되는 겁니다. 아마 사후에도 장산에 있을 겁니다.

제가 여기서 태어나지는 않았지만, 지금까지 제가 먹고 살아온 터가 여기인데, 내가 지역사회를 위해서 내가 할 수 있는 일이 뭘까? 그래서 내가 지역의 향토사 공부를 더 해서 내 후배들에게 남기자. 그러면 그 친구들이 내 자료를 보고 좀 더 정확하게 우리 지역 역사를 밝힐 수 있지 않을까 하는 의무감이 있었어요. 그래서 향토사 연구에 매진하다 보니, 어느 순간에 제가 해운대 수호신이 될 것 같은 느낌이 확 오더라고요. 그래서 농담 삼아 사람들에게 죽어서 해운대 귀신이 되겠노라는 말을 했어요. 해운대 귀신이 되더라도 잡신이 되면 안 되니까 해운대를 지키는 수호신이 되어야죠. 그게 제 꿈입니다.

***참고문헌**

『삼국사기』
『신증동국여지승람』
『동래부지』
『동하면고문서』
『조선환여승람』

국립민속박물관,『부산의 마을신앙 4 』금정구 동래구 수영구 연제구 해운대구, 2020.
김병섭,『해운대 자연마을 성씨 이야기』, 부산광역시문화원연합회, 2021.
부산광역시사편찬위원회,『부산지명총람』 제3권-남구 북구 해운대 편-, 1997.
부산광역시사편찬위원회,『부산의 동제』, 2005.
부산광역시,『부산의 고지도』, 2008.
주영택,『해운대 역사와 문화를 만나다』, 해운대지구 향인회, 2010.
해운대구,『해운대구지』, 1994.
해운대구,『사진으로 보는 해운대 백년사』, 1996.
해운대구 문화관광과,『해운대민속』, 1996.
해운대농업협동조합,『해운대농협 50년사』, 2024.

***신문자료**

『조선일보』, 1934.07.10.
『부산일보』, 1952.07.17.
『부산일보』, 1980.12.15.
『부산일보』, 1992.09.09.
『부산일보』, 1996.10.17.
『부산일보』, 1996.11.19.

『부산일보』, 1997.03.06.
『부산일보』, 1997.03.22.
『부산일보』, 1997.05.28.
『부산일보』, 1997.06.07.
『부산일보』, 1998.03.30.
『부산일보』, 1998.06.22.
『부산일보』, 1999.05.08.
『부산일보』, 2003.05.28.
『부산일보』, 2021.09.13.
『서울경제』, 2021.09.13.
『부산일보』, 2021.11.28.
『부산일보』, 2025.03.02.

***구술자**

윤내순(여, 1935), 전우양(남, 1935), 권왕희(여, 1942), 김재찬(남, 1949),
김주찬(남. 1949), 송민태(남, 1952), 강영숙(여, 1954), 이복득(여, 1954),
정민조(남, 1954), 정병구(남, 1954), 송귀동 (남, 1956), 이부동(남, 1957),
예성탁(남, 1963), 손웅희(남, 1967)

***자료제공**

김해김씨 산현파 좌동 문중, 모정원, 부경근대사료연구소, 좌동향토문화보존사업회,
해운대문화원, 해운대구청 기획예산과, 해운대구 미디어센터, 해운대라이프, 강영숙, 김미산,
손웅희, 송민태, 윤은경, 이부돌, 전우양, 최옥임

2025 해운대 역사 구술채록 사업

주민의 기억으로 담은 이야기 **좌동** 佐洞

발 행 일 : 2025년 12월 30일
기　　획 : 해운대구, 해운대문화원
발 행 인 : 최수기
제　　작 : ㈜호밀밭 등록번호 (제338-2008-6호)
연구·집필: 황경숙 (사람과 이야기 연구위원)
필사도움: 박현정 (부산대학교 기록관리학과 석사 수료)
사　　진 : 황경숙
디 자 인 : 정종우 (스토리머지)
자문·감수: 황구, 김한근
자료 제공: 김해김씨 삼현파 좌동 문중, 모정원, 부경근대사료연구소,
　　　　　　 좌동향토문화보존사업회, 해운대문화원, 해운대구청 기획예산과, 해운대구 미디어센터,
　　　　　　 해운대라이프, 강영숙, 김미산, 손웅희, 송민태, 윤은경, 이부돌, 전우양, 최옥임

ISBN　　　979-11-6826-169-3　(03090)

※ 이 책 내용의 전부 또는 일부를 재사용하려면 반드시 저작권자와 출판사의 동의를 받아야 합니다.
※ 가격은 뒤표지에 표시되어 있습니다.

해운대구　해운대문화원

부산광역시 센텀중앙로 170(재송동) 해운대구 문화복합센터 4층
TEL 051.784.3400